JN412252

충분한 복음으로 충만해지는 길

오직 변화를 위하여

충분한 복음으로 충만해지는 길

오직 변화를 위하여

초판 1쇄 인쇄 2022년 11월 20일

초판 1쇄 발행 2022년 11월 30일

지은이 김완섭

펴낸이 오복희

디자인 이야기books

펴낸곳 도서출판 개혁과 회복

출판등록 2018년 4월 12일 제2018-000044호

주소 서울특별시 송파구 마천로 100 C동 402호(오금동)

편집부 010-6214-1361

관리부 010-8339-1192

팩스 02-3402-1112

이메일 whdkfk9312@naver.com

ISBN : 979-11-89787-41-7 03230

가격: 14,000원

“본래교회의 회복을 꿈꾸며”

머리말

지금, 우리가 잃어버린 예수님의 마음은 무엇인가?

초기교회 시절과 오늘날의 기독교 신앙 사이에는 무엇이 달라졌을까요? 어떤 변화가 있었기에 그 당시에는 온갖 박해라는 박해는 다 받으면서도 복음을 세상으로 펼쳤는데 오늘날에는 교회가 무수하게 존재하고 있는데도 기독교가 쇠퇴해가고 있다는 말입니까? 그 당시와 오늘날을 비교해볼 때 과연 무엇이 부족해서 오늘날 이런 상태가 되었겠습니까? 열정이 부족할까요? 저는 그렇지 않다고 생각합니다. 오늘날에도 열정적으로 하나님의 일을 하는 무수한 성도들이 존재합니다. 믿음이 약할까요? 그것도 아닐 것입니다. 왜냐하면 믿음으로 온갖 어려움을 다 극복하고 성공한 사람들이 많이 있으니까요. 그렇다면 지도자가 부족할까요? 오늘날에는 지도자들이 무척 많습니다. 따라서 그것도 아닙니다. 그러면 도대체 왜 기독교가 이렇게 되었다는 말입니까? 그것을 알아야 회복이나 변화가 가능하지 않겠습니까?

오늘날 기독교는 너무 어떤 '상태'에 초점을 맞추고 있습니다. 성공과 부흥과 업적과 공로에 지나치게 몰두합니다. 주변을 둘러보십시오. 전부 외적인 결과에 초점을 두는 이야기들뿐입니다. 간증집회도 선교대회도 부흥회도 전부 이 결과 이야기들을 합니다. 물론 그렇게 되기까지의 과정도 함께 이야기합니다. 하지만 그 과정의 초점도 역시 결과입니다. 기독교 안에서 공로나 성과를 빼면 도대체가 이야기가 되지 않습니다. 전부 다 성과에 몰려다닙니다. 교회부흥이든 전도열매이든 해외선교이든 업적과 공로에 열광합니다. 그러나 복음은 어떤 상태가 목표가 되어서는 안 됩니다. 상태에 초점을 맞추면 하나님과 그리스도가 사라지기 때문입니다.

복음은 상태가 초점이 되면 복음이 아니라 종교가 되어 버립니다. 상태는 상황에 따라 변화하게 되어 있습니다. 왜냐하면 모든 상황에서 결과가 나와야 상태를 만족시킬 수 있기 때문입니다. 어떤 상태라는 말은 이 땅에서 눈에 보이는 모든 안정된 모습을 말합니다. 많이 모으고 쌓고 넓어지고 높아지고 부유하고 편안한 모든 모습을 목표로 하고 있다면 그것은 상태중심의 신앙의식이라고 하지 않을 수가 없는 것입니다. 만약에 어떤 상태까지 믿음으로 간다 하더라도 상태중심의 신앙은 거기에 머무르려고 하게 됩니다. 일단 머무르면 거기에서는 희망이 사라지게 됩니다. 생명력을 잃어버리게 됩니다. 복음은 더 이상 살아 움직이지 못하게 됩니다.

상태는 인간의 속성입니다. 인간은 죄의 개입으로 인하여 어떤 상태를 추구하게 되어 있습니다. 안정욕구이며 성취욕구이기도 합니다. 그러나 복음은 상태가 아닙니다. 신앙은 상태를 추구하는 것이 아닙니다. 신앙은 끊임없이 움직일 것을 요구합니다. 살아있다면 계속 움직일 것입니다. 복음이 생명력을 가지고 있다면 지속적으로 자라나야 합니다. 육신은 성인이 될 때 성장이 멈추지만 믿음은 육신의 숨이 거두어질 때까지 멈추지 못합니다. 상태는 상황과 긴급하게 연결되어 있지만 믿음은 상황을 뛰어넘는 것입니다. 세상이 불완전하고 유동적이기 때문에 끊임없이 안정을 추구하고 더 완전한 안정을 향하여 끝없이 달리기를 원하지만 안정적인 세상이란 존재하지 않습니다. 믿음은 영원한 안정을 소유하는 것입니다. 오늘날 그 믿음의 본질이 바뀌었습니다.

사람들은 그런 '상태'를 위하여 종교를 가집니다. 안정을 추구하고 더 완전한 상태를 가지기를 원해서 종교를 믿고 있죠. 그것은 인간의 본능과도 같은 것이니까 뭐라고 할 수는 없습니다. 종교를 가지고 있지 않은 사람들도 마찬가지니까요. 그런데 기독교 신앙을 가지고 있다는 사람들조차 바로 여기에 빠져 있다는 것이 정말 큰 문제입니다. 바로 이 점이 초대교회의 신앙과 달라진 점입니다. 기독교 신앙은 변화를 선택해야 합니다. 변화는 관계입니다. 변화는 끊임없이 자라게 만듭니다. 예를 들어 나무는 어떻습니까? 당장 보기에는 어제나 오늘이나 똑같아 보이지만 나무는 끊임없이 변화되고 있습니다. 변화는 금방 눈에 보이는 결과로 나타나지는 않습니다. 그러나 그 변화는 지속적으로 나무를 자라게 만들고 그러면서 각종 열매도 자연스럽게 열리게 만듭니다. 신앙은 바로 이 나무와 같아야 하는 것입니다.

이 차이는 대단한 것입니다. 살아있는 믿음인가, 죽은 믿음인가? 세상을 이기는 믿음인가, 세상에 휩쓸려가는 믿음인가? 열매를 거두는 믿음인가, 열매 없는 믿음인가? 세상에 영향을 끼치는 믿음인가, 오히려 세상의 영향을 받는 믿음인가? 사람들로 하여금 그리스도를 발견하게 하는 믿음인가, 오히려 욕심 많은 인간을 발견하게 하는 믿음인가? 한마디로 그리스도를 닮은 삶인가 마귀를 닮은 삶인가를 규정하게 만드는 것입니다. 그런데 그 차이를 거의 모릅니다. 왜 이렇게 상태를 추구하는 믿음으로 변질되었는지 참으로 안타까운 일이 아닐 수 없습니다. 윤리도덕운동도 아니고 교회개혁운동도 아닙니다. 교리문제도 아니고 교회정치문제도 아닙니다. 굳이 표현한다면 그리스도마음회복운동이어야 할 것입니다. 그 어떤 신앙행위를 드러낸다고 해도 어떤 마음인가 하는 것이 가장 중요합니다. 신앙은 관계이기 때문입니다.

물론 기독교는 마음 종교가 전혀 아닙니다. 그러나 마음이 빠진다면 전부 다 헛것이고 껍데기에 불과하게 될 것입니다. 마음이 생명입니다.

우리의 마음과 하나님 마음의 일치, 이것이 기독교 신앙의 목적이자 목표이자 방식이자 삶의 원리인 것입니다. 우리의 마음이 하나님의 마음과 일치될 때 하나님은 무한 기뻐하십니다. 왜냐하면 그런 믿음을 찾기 힘들기 때문입니다. 우리 그리스도인의 신앙생활은 그 변화로의 여정이어야 합니다. 하나님의 마음으로 다가가기까지의 변화, 이것이 기독교 신앙인의 믿음이어야 하는 것입니다. 우리는 변화해 나아가야 합니다. 변화되지 않는 신앙, 상태에 머물러 있는 신앙은 반드시 썩게 되어 있습니다. 우리는 변화를 위해서 그 어떤 대가라도 지불할 수 있어야 합니다. 예수님께서 죄인인 우리들을 위해서 십자가에서 죽으셨는데 우리가 지불하지 못할 대가가 어디에 있습니까? 이것을 믿는 믿음이 아니라면 그 믿음은 하나님과는 아무런 관계도 없습니다. 단지 하나님을 이용하는 것밖에 되지 않을 것입니다.

이 책은 그 변화의 목표지점을 끊임없이 추구하는 내용으로 되어 있습니다. 개혁과 회복에 초점이 맞추어졌지만 그것은 변화의 방향에 대한 이야기입니다. 바른 신앙, 참된 목회, 개혁과 회복, 그리스도인의 하나 됨을 지향해야 한다는 이야기입니다. 이 책을 읽는 독자에 따라 불편하거나 공감할 수 없는 부분들도 있을 것입니다. 그러나 전체적인 방향과 틀 속에서 생각한다면 반드시 필요한 내용들이라고 생각합니다. 지금 여기에 머물러 있으면 절대 안 됩니다. 기독교의 현재 상태가 완전하다고 생각해서도 절대 안 됩니다. 지금의 기독교는 예수님으로부터 너무 멀리 떨어져 있습니다. 수많은 성경 연구가 펼쳐지지만 정말 예수님의 마음과는 많이 동떨어져 있습니다. 일상의 삶에서 기독교 신앙은 거의 역할을 하지 못하고 있습니다. 이 사실을 인식하고 있지 못하면 기독교의 미래는 더욱 암담할 수밖에 없습니다. 그런데도 이런 점에 대해서는 별로 생각하지 못하고 있는 것이 현실입니다. 이 책을 통하여 고민하는 그리스도인들이 많아지기를 소원합니다.

이 책의 내용은 4~5년 동안 카페나 블로그나 페이스북에 주로 올렸던 내용들입니다. 일관되게 변화에 초점을 둔 글들입니다. 이 글들이 기준이라는 것이 아니라 적어도 그 내용을 다시 깊이 생각할 수 있어야 하겠다는 것입니다. 이런 고민조차도 없이 각자가 믿는 믿음이 바른 신앙이라고 생각한다면 기독교의 쇠퇴는 가속이 붙어버릴 것입니다. 이미 가속도로 사라져가는 중입니다. 제4부 '하나 됨을 위하여'는 그리스도인과 정치 이야기인데, 자신의 정치적 태도에 따라 불편한 분들도 있을 것입니다. 그러나 이런 이야기를 하지 못한다면 변화될 가능성은 더욱 사라질 것이기 때문에 실어보았습니다. 이 책을 읽는 모든 그리스도인들에게 하나님의 은혜가 넘침으로써 근본적인 변화를 시작할 수 있기를 간절히 기도드립니다.

CONTENTS
목 차

제1부 바른 믿음을 위하여

제2부 참된 목회를 위하여

제3부 개혁과 회복을 위하여

제4부 하나 됨을 위하여

주님의 탄식

제가 무슨 예언자는 아니지만 기도하다 보면 때때로 하나님께서 하나님의 마음을 느끼게 하실 때가 있습니다. 어제 밤 금요기도회 때가 그랬습니다. 지극히 일부분이지만 하나님께서 저를 울게 하셨습니다. 아니, 하나님께서 우신 것 같았습니다. 세 가지 우는 마음을 느꼈습니다.

"내 교회를 바라보니 심히 슬프구나."
"목회자들을 바라보니 탄식이 나오는구나."
"성도들을 바라보니 너무 불쌍하구나."

너무 안타까운 마음이 들어 저도 울었습니다. 그리고 무슨 일이든지 사랑으로 하라고 하셨고, 끝까지 인내하라 하셨고, 그럼에도 불구하고 평안을 누리라고 하셨습니다. 혹시 같은 마음을 느끼는 분이 계실까요?

충분한 복음으로 충만해지는 길
오직 변화를 위하여

1부 바른 믿음을 위하여

예수님은 왜 오셨을까요?

예수님은 오늘날 성도들에게 복을 주러 오셨을까요? 그렇다면 열두 제자들을 부르지 마셨어야 했습니다. 만약에 복 주러 오셨다면 사도 바울을 부르지 마셨어야죠. 제자들을 부르셨어도 제자들이 떵떵거리며 잘 살게 만드셨어야 했을 것입니다. 그러나 예수님은 거의 모든 제자들을 순교시키셨습니다. 그러므로 예수님은 우리에게 복을 주기 위해서 오신 것이 아니었습니다.

만약에 죄 사함만을 위해서 오셨다면 십자가에서 곧바로 돌아가시거나 다른 사형 방법으로 돌아가셨어도 괜찮습니다. 왜냐하면 죄 사함만을 위해서라면 예수님의 죽음만이 의미가 있게 되는 것이니까요. 죄 사함만을 위해서라면 십자가형이 아니라 교수형이든 화형이든 그 어떤 종류의 죽음이든 아무 관계가 없었을 것입니다. 그러나 예수님은 꼭 십자가에서 오랜 시간 고통을 당하시면서 돌아가셔야만 했습니다. 단순히 죄 사함만을 위해서 오신 것이 아니었습니다.

예수님은 십자가상에서 왜 여섯 시간 동안이나 매달려서 죽어 가셔야만 했을까요? 만약에 치유만을 위해서 오셨다면 인간의 모든 종류의 고통을 여섯 시간 동안 감당하실 필요가 없었습니다. 그 여섯 시간은 인간이 느낄 수 있는 모든 종류의 고통을 짊어지시기 위해서였던 것입니다. 수치와 치욕, 모욕, 창에 찔리는 것과는 전혀 다른 매달림의 고통, 그리고 죽을 것 같은 목마름의 고통들을 전부 감당하셔야만 했던 것입니다. 그러므로 예수님은 병자를 치유하기 위해서만 오신 것은 아니었습니다.

예수님이 인간의 구원만을 위해서 오셨다면 3년 동안의 공생애를 사실 필요가 없었을 것입니다. 한 번 구원 받은 것으로 영원한 천국으로 직행하게 된다면 예수님은 이 땅에서 삶을 보여주실 필요가 없었을 것입니다. 왜냐하면 구원이란 단지 죄로부터의 구원과 같은 단회적인 것으로 그치는 것이 아니라 전인적인 구원이면서 점진적으로 이루어가야만 할 구원이기 때문입니다. 예수님은 사람들을 모든 세상으로부터 구원하기 위해서 오셨습니다. 그래서 3년 동안의 공생애를 사셨던 것입니다.

만약에 구약에서의 물질적 축복이 그대로 신약에서도 적용되어야 했다면 예수님은 무엇 하러 오셨겠습니까? 구약에서의 축복이 그대로 연결되는 것이라면 예수님은 오히려 그 물질적 축복을 훼방하러 오셨던 것입니다. 예수님은 육체적, 물질적 복이 아니라 진짜 복을 주러 오시지 않았습니까? 만약에 물질적, 육체적 복을 지금도 지속적으로 추구한다면 예수님은 왜 믿습니까? 그런 목적에서라면 예수님은 그 사람에게 필요가 없습니다. 예수님과 관계없습니다.

예수님은 신앙인들로 하여금 예수님을 따라 살라고 3년 동안 본을 보이셨습니다. 예수님은 이웃들의 아픔을 함께 하라고 많은 사람들을 고쳐주신 것입니다. 예수님은 그리스도를 사랑하는 것처럼 이웃을 사랑하라고 죄인들을 위해 목숨을 버리신 것입니다. 예수님은 오직 예수님을 따라 살 때에만 진정한 그리스도인이 될 것이라고 말씀하기 위해 어머니와 가족 대신 하나님의 뜻대로 사는 모든 사람이 예수님의 형제요 자매요 모친이라고 하셨던 것입니다. 예수님은 목회자들로 하여금 성도들을 예수님의 제자들로 만들라고 말씀하시기 위해 베드로에게 나를 사랑하느냐고 세 번 물으셨던 것입니다.

예수님의 삶은 이웃사랑의 삶이었습니다. 이웃을 위해 목숨까지 아끼지 않으심을 친히 보여주셨던 것입니다. 이웃사랑은 신앙생활 자체입니다. 예수님의 눈으로 세상과 이웃을 보고 예수님의 발로 이웃을 찾아가서 예수님의 손으로 이웃을 돌보고 예수님의 입술로 복음을 전하고 예수님의 몸으로 우리를 필요로 하는 사람들을 위해 희생하라고 하시기 위해 이 땅에 오신 것입니다. 세상을 보는 시각, 이웃을 보는 관점을 바꾸어야 합니다. 그 때에야 복음은 이 세상에서 '보이는 복음'이 되어 있을 것입니다. 그리고 '생명력 있는 복음'으로 온 세상에 살아있게 될 것입니다.

신앙의식의 계단론

기독교신앙을 어떻게 비유할 수 있을까요? 많은 성도들이 세상의 가치관과 별로 다를 것이 없는 신앙생활을 하고 있습니다. 그리고 또 많은 경우에 자꾸만 어려움을 당하거나 문제를 만납니다. 교회에 다니면서 구원받았다는 생각 외에는 세상과 동일하게 성공이나 번영을 꿈꾸고 있다면 그 사람은 정말 구원받은 사람이 맞을까요? 다른 말로 하면 그는 정말로 예수님을 주인으로 모시고 사는 사람일까요? 그리고 예수님을 정말로 생명의 주인으로 모시고 있지 않은 사람들은 과연 구원받은 사람들일까요?

해답은 하나님만 아신다는 것입니다. 물론 겉으로 드러나는 표지가 될 수 있는 부분도 분명히 있습니다. 그러나 그것은 어디까지나 사람의 판단일 뿐입니다. 그 사람이 정말 심령적으로 가난한 사람인지 아닌지를 우리는 알 수 없습니다. 예수님은 오히려 세리나 창기나 이방인들을 더 칭찬하실 때가 많았으니까요. 여기에서 기독교신앙, 곧 복음이 생명력을 가지기 위한 조건 같은 것에 대해서 이야기하지 않을 수 없습니다. 참다운 기독교신앙은 마치 건물의 2층 이상으로 올라가는 것과 같다고 생각합니다. 복음을 진정으로 받아들였다면 세상 사람들과 똑같이 1층에서 부딪치며 성공하기 위해 애쓰는 것이 아니라 이 세상과는 다른 어떤 가치, 생명력 있는 삶의 방식을 가지고 살 수 있는 2층으로 올라가야 한다는 것입니다.

물론 1층이나 2층이라는 개념은 물리적인 공간에 대한 이야기는 아닙니다. 그것은 생각의 2층, 영적인 2층, 더 높은 곳으로 푯대를 향하여 나아갈 수 있는 2층을 말하는 것입니다. 복음의 2층으로 올라가면 모든 것이 달라집니다. 생각 자체가 달라지고 의식수준이 완전히 바뀝니다. 왜냐하면 여태까지 1층에서 추구하면서 살던 모든 세상적인 목표가 다 사라져버리기 때문입니다. 그뿐 아니라 영적으로 어둠의 세력들이 괴롭히던 그런 1차원적인 고난도 다 사라집니다. 마치 어릴 때의 고민이나 걱정거리들이 성인이 되면 더 이상 괴롭히지 못하는 것과 같은 이치입니다.

사실 우리 그리스도인들이 세상을 살면서 만나는 모든 고난과 역경들은 어떤 의미에서는 아직 신앙이 성장하지 못했기 때문에 일어나는 현상들일 뿐입니다. 신앙이 성장하지 못하면 똑같은 고난을 계속 당하게 되고 거기에서 벗어날 수가 없습니다. 그러나 복음의 2층으로 올라오면 그런 것들은 더 이상 성도를 괴롭히지 못하게 됩니다. 물론 성장한 만큼 또 다른 어둠의 세력들의 공격이 시작됩니다만, 그것은 차원이 다른 이야기가 되는 것입니다. 그것은 우리들의 사명과 직결되는 공격이 될 것입니다. 그것은 1층에서 살던 때에 당하던 영적 공격의 내용과는 전혀 달라지는 것입니다.

예수님은 먼저 그 나라와 그 의를 구하라고 말씀하셨습니다. 그것이 무슨 말씀입니까? 영적인 2층으로 올라오라는 말씀입니다. 그런데 사람들은 '그리하면 모든 것을 더하여 주시리라'는 말씀에만 초점을 두고 삽니다. 1층에서 잘 되면 2층으로 올라가겠다는 것입니다. 아닙니다. 2층으로 올라오면 1층의 문제는 더 이상 문제가 되지 않습니다. 하나님께서 다 채워주십니다. 채워주지 않으시더라도 더 이상 문제가 될 수 없습니다. 1층의 문제를 버려두고 2층으로 올라오면 모든 것은 저절로 변화됩니다. 사람을 보는 눈이 달라지고 세상을 향한 태도가 달라집니다. 모두 2층으로 올라와야 합니다.

2층으로 올라가려면 어떻게 해야 합니까? 우리들의 신앙의식을 바꾸어야 합니다. 1차적으로는 생각을 바꾸어야 합니다만, 생각을 바꾸는 것만으로는 부족합니다. 체험 등을 통해서 그 생각들이 우리들의 의식이 되어야 합니다. 의식은 감정이고 마음입니다. 외부의 자극에 자연스럽게 솟아나오는 감정 말입니다. 그것이 살아있는 신앙으로 변화시키는 것입니다. 복음의 2층으로 올라가시기 바랍니다. 그러면 성도는 성도다워지고 목회자는 목회자다워지고 교회는 교회다워지고 세상은 교회의 영향력 아래 놓이게 될 것입니다.

두 가지 관점

사진촬영을 할 때 피사체를 강조하는 방법에는 두 가지가 있습니다. 하나는 망원렌즈이고 다른 하나는 광각렌즈입니다. 망원렌즈는 화각이 좁아서 피사체 이외의 사물들을 삭제하거나 망원렌즈의 특성으로 주변이 흐려지게 함으로써 피사체만 부각되게 만듭니다. 반면에 광각렌즈는 화각이 넓어서 피사체 주변의 수많은 사물들을 함께 촬영합니다. 그래서 광각렌즈로 촬영할 때에는 피사체를 렌즈와 가까이 하여 찍어야 하는데 왜냐하면 광각렌즈는 근거리에 있을수록 더욱 크게 만들기 때문입니다. 결국 망원렌즈는 피사체만 보이게 만듦으로써 강조하는 것이고 광각렌즈는 모든 사물과 함께 보이되 피사체만 두드러지게 크게 보이게 함으로써 강조하는 것입니다.

이것을 우리 신앙생활에 비추어본다면 우리의 삶에서 예수님과 가까이 하는 방법에도 두 가지가 있음을 알게 됩니다. 망원렌즈식의 접근으로는 세상과 단절하고 예수님과 일 대 일로만 구원을 누리는 것이라고 할 수 있고, 광각렌즈식 접근으로는 세상과 사람들 속에서 예수님만 두드러지게 가까이 하는 것이라고 할 수 있습니다. 얼핏 들으면 망원렌즈식은 세상과 동떨어져 있는 수도원을 생각할 수 있고 광각렌즈식은 기독교 사회운동을 생각할 수 있겠지만, 사실은 그런 기독교 전체를 대입하여 보는 접근보다는 개인적인 신앙생활의 측면에서 바라보는 것이 더 적절할 것 같습니다. 왜냐하면 기독교는 변화된 그리스도인들의 삶이 투영된 모습으로 나타나는 것이기 때문입니다.

따라서 망원렌즈식 접근은 개인의 영적 생활과 교회생활이라고 할 수 있을 것이고 광각렌즈는 하나님의 통치가 직접적으로 미치지 않는 세상 속에서의 삶의 방식이라고 할 수 있을 것입니다. 어느 한 쪽이 더 나은가 하는 문제가 아니라 양쪽의 접근이 모든 그리스도인들의 전체 삶에 녹아들어 있어야만 한다는 것입니다. 그것은 교회에서나 가정에서나 사회에서나 모든 초점을 그리스도 예수님께 맞추어야 한다는 의미입니다.

교회에서는 망원렌즈식의 예배를 드리는데 세상에 나가서도 망원렌즈의 잣대를 들이댄다면 세상에 영향을 주는 것이 아니라 철저하게 고립되어 스스로도 챙기지 못하게 될 것이고, 세상에서 광각렌즈식의 잣대로 예수님께 초점을 맞추어서 삶의 방식으로 사는데 만약에 교회에 와서도 여전히 광각렌즈만을 들이댄다면 개인의 영성이나 변화된 자아를 경험하기는 어려울 것입니다.

안타깝게도 모든 경우에 망원렌즈식으로만 살아온 경우가 더 많았던 것 같습니다. 왜냐하면 세상에서의 삶의 방식을 우리는 배우지 못했기 때문입니다. 사실 진짜 사진작품에서도 광각렌즈를 잘 사용하는 것이 훨씬 어렵습니다. 아무튼 기독교가 세상을 바꾼 것은 무력이나 숫자나 철학이 아니었습니다. 세상과 사람들을 바꾸는 힘은 분명히 복음에 있지만 이 복음이 복음 되게 하는 능력은 삶의 방식에 있는 것입니다. 복음적인 삶의 방식을 배운 적도 별로 없고 모델도 없는 것이 현실입니다. 삶의 방식을 제대로 배워야 부정과 부패와 탐욕과 거짓에게 승리할 수 있게 되지 않겠습니까?

하지만 많은 수의 기독교인들이 사실은 망원렌즈식이나 광각렌즈식이 아니라 그냥 표준렌즈식으로 살고 있습니다. 삶의 방식을 제시하지 못했기 때문입니다. 표준렌즈식은 어디에 가서나 예수님이 그냥 사람들 속에 묻혀버리는 것입니다. 특별히 예수님을 강조하거나 예수님께 초점을 맞추는 것이 아니라 그저 사람들이 흘러가는 방향으로 따라갈 뿐입니다. 표준렌즈는 보통 우리가 보는 눈과 닮은 렌즈입니다. 다 같이 공평하게 보는 눈입니다. 그냥 세상 사람들의 눈입니다. 그러므로 우리는 삶의 방식을 연구하고 개발하고 본을 보여주어야 합니다. 모델이 있어야 합니다. 현대사회에서의 그리스도인의 삶의 모델을 만들어나가는 분들이 많아지기를 위해 기도하고 있습니다.

사람에 대한 기대를 버립시다

사람은 사람을 의지하고 싶은 욕구와 함께 사람에게 인정받고 싶은 욕구를 가지고 있습니다. 인간이 약해질 때에는 인간을 의지하려고 하게 되고 사람이 좀 강해지는 듯하면 사람들의 인정을 받고 싶어 합니다. 더 강해지면 사람을 지배하려고 하게 되고, 세상은 강한 사람들의 각축장이 되고 맙니다. 그리고 사람은 약해질 때에는 사람을 의지하려고 하다가 더 약해지면 우상을 의지하려고 하게 됩니다. 한 마디로 하면 인간은 연약한 존재들입니다. 그래서 사람들로부터 인정을 받으려고 하게 되는 것입니다.

인정받고 싶은 욕구는 자기 자랑으로 나타납니다. 자랑이 많으면 교만한 것이요, 교만한 것은 높아지려는 것이요, 높아지려는 것은 지배하려는 것이요, 지배하려는 것은 하나님으로부터는 더욱더욱 멀어지는 지름길이 될 뿐입니다. 사람에게 더 많은 인정을 받게 되면 인기가 올라가고 명성이 쌓이며 대개의 경우 부가 따라오게 되어 있습니다. 각각 다른 형태로 나타나는 현상이지만 본질은 모두 똑같습니다. 그래서 지혜이든 용기이든 부유함이든 자랑하지 말라고 하시는 것입니다. 더욱 하나님으로부터 멀어지게 되기 때문입니다.

> "여호와께서 이와 같이 말씀하시되 지혜로운 자는 그의 지혜를 자랑하지 말라 용사는 그의 용맹을 자랑하지 말라 부자는 그의 부함을 자랑하지 말라"(렘 9:23)

더구나 하나님의 자녀 된 사람들이 자기 지혜나 용맹이나 부유함을 자랑하는 일은 아주 어리석은 행위가 될 뿐입니다. 피조물이 창조주에게 무엇을 자랑할 수 있겠습니까? 전부 하나님께서 주신 것일 뿐입니다. 재능도 능력도 환경도 기질도 전부 하나님께서 선물로 주신 것들입니다. 주신 선물 안에서 힘써 그리스도인으로서 살아가는 것입니다.

> "도끼가 어찌 찍는 자에게 스스로 자랑하겠으며 톱이 어찌 켜는 자에게 스스로 큰 체하겠느냐 이는 막대기가 자기를 드는 자를 움직이려 하며 몽둥이가 나무 아닌 사람을 들려 함과 같음이로다" (사 10:15)

그래서 하나님께서는 사람이 자랑할 것에 대해서 말씀해주십니다. 그것은 하나님을 아는 것을 자랑하고 하나님은 사랑과 정의와 공의를 행하시는 분임을 자랑하라는 것입니다. 물론 자신의 하나님 지식을 자랑하라는 것이 아니라 하나님의 존재와 능력과 행하시는 원리를 자랑하라는 것입니다.

"자랑하는 자는 이것으로 자랑할지니 곧 명철하여 나를 아는 것과 나 여호와는 사랑과 정의와 공의를 땅에 행하는 자인 줄 깨닫는 것이라 나는 이 일을 기뻐하노라 여호와의 말씀이니라"(렘 9:24)

예수님은 사람들에게 아무리 많은 인정을 받고 높임을 받더라도 아무런 소용이 없는 것은 그들의 속마음을 하나님께서 다 아시기 때문이라고 말씀하십니다. 하나님이 아니라 사람들로부터 인정을 크게 받는 사람일수록 오히려 하나님의 미움을 받게 된다는 말씀입니다(눅 16:15). 사람 앞에서 높아진다는 것은 그만큼 하나님을 인정하지 않는다는 뜻이고, 그것은 바로 썩어질 육체를 지향하는 일일뿐 아니라 영원토록 불타는 지옥으로 떨어지게 된다는 뜻인 것입니다.

그런데 그리스도인들 중에서 성공적인 사역이나 업적을 이룬 사람들이 자기를 자랑하는 것을 너무 자주 보게 됩니다. 전부 하나님께서 주신 선물로 이루어진 것들입니다. 다른 사람들보다 더 탁월한 능력이나 재능을 받았다면 그 능력과 재능을 주신 하나님을 인정하고 높여드리고 찬양 드려야 마땅합니다. 그런데 말로는 하나님께서 하셨다고 하면서도 사실은 자기 자랑이나 높임이 되어 버리는 일이 비일비재합니다. 똑같이 하나님의 일을 이루고 나서도 그 사람이 스스로를 자랑하느냐 하지 않느냐에 따라 엄청난 차이가 날 수밖에 없습니다. 하나님 앞에서는 천국과 지옥의 차이만큼이나 크게 드러나 버리는 것입니다.

사람이 살아가는 데 있어서 사람과의 관계만큼 소중한 것은 없을 것입니다. 중요한 것은 사람들에게 인정을 받으려고 하게 되면 사람을 의식하게 되고, 사람을 의식하게 되면 하나님의 말씀으로부터 멀어질 가능성이 커진다는 것입니다. 더 나아가서 하나님을 기쁘시게 해 드리려는 것이 아니라 사람을 기쁘게 하고 사람에게 자랑하게 되고 영광을 추구하기 쉽게 된다는 것입니다. 기독교 내의 수많은 오류들이 왜 생기겠습니까? 하나님의 인정이 아니라 사람의 인정을 받으려고 하기 때문이 아니겠습니까?

니코틴에 중독된 사람들은 담배의 노예가 됩니다. 담배가 떨어지면 쓰레기통을 뒤져서라도 꽁초를 찾아냅니다. 알코올에 중독된 사람은 술의 노예가 됩니다. 마찬가지로 사람을 의식하고 사람의 인정을 받으려는 사람은 사람의 노예가 될 수밖에 없습니다. 사람에게 중독된다는 말은 없지만 하나님께서 보시기에는 사람중독에 빠진 사람들이 너무 많을 것입니다. 사람중독에서 벗어나십시다. 그래야 나를 위해 십자가 고난을 감당하신 예수님의 공로가 의미를 가지게 되고 희생하신 증거가 수많은 사람들을 통해서 나타날 수 있게 될 것입니다. 사람에 대한 기대를 버립시다.

사람은 사랑의 대상입니다

사람에 대한 기대를 버리기 위해 중요한 것은 우리가 사람을 어떻게 볼 것인가 하는 점입니다. 특히 그리스도인들은 어떤 시각으로 사람을 바라보는가에 따라 신앙이 전혀 달라질 수 있습니다. 이는 곧 세상을 바라보는 세계관으로 직결되기 때문입니다. 하나님께서는 이런 관계의 중요성을 잘 아시기에 이웃사랑을 가장 중요한 덕목으로 삼으셨습니다. 그러므로 이웃과의 인간관계는 그리스도인에게 있어서도 가장 중요한 요소가 되는 것입니다.

> **"둘째는 이것이니 네 이웃을 네 자신과 같이 사랑하라 하신 것이라 이보다 더 큰 계명이 없느니라"**(막 12:31)

우리는 인간관계를 소중하게 여겨야 합니다. 사람이 사람을 소중하게 여기지 않는다면 나도 남에게 소중하게 여김을 받을 수 없습니다. 그래서 예수님은 다른 사람을 비판하지 말라고 가르치십니다(눅 6:37). 더 나아가 예수님은 우리가 대접을 받고 싶은 대로 다른 사람을 대접하라고 가르치십니다. 그리고 예수님은 인간의 가장 이상적인 모습을 제시하시는데, 그것은 원수조차도 사랑하는 것입니다(눅 6:27~28).

"그러므로 무엇이든지 남에게 대접을 받고자 하는 대로 너희도 남을 대접하라 이것이 율법이요 선지자니라"(마 7:12)

이렇게 볼 때 그리스도인에게 있어서 사람을 소중하게 여기는 것보다 더 큰 일은 없습니다. 타인을 볼 때에 마치 그 타인이 자기 자신인 것처럼 여길 수 있어야 합니다. 아이들을 만나면 마치 자기 아이들인 것처럼 대해야 하고 노인들을 만나면 마치 자기 어머니인 것처럼 대하라는 말입니다. 심지어 예수님은 어려운 일을 당한 사람을 볼 때 마치 자기 자신이 그런 처지에 놓인 것처럼 대하라고 하십니다. 그래서 옥에 갇힌 사람이나 굶주린 사람을 보면 그들을 도와주라고 하십니다.

또 예수님은 자신에게 같은 죄를 여러 번 지은 사람이라도 다 용서하라고 가르치십니다. 과연 사람이 그럴 수 있을까요? 자기에게 죄를 지은 사람이 돌아와 용서를 구하면 일곱 번뿐 아니라 일곱 번을 일흔 번이라도 용서할 수 있을까요(마 18:21~22)? 과연 어떤 사람이 옥에 갇혔을 때 내 일처럼 돌볼 수 있을까요? 굶주린 사람을 보면 내가 먹을 음식까지라도 대접할 수 있을까요? 나그네로 잘 곳이 없는 사람을 보면 자기 잠자리라도 제공할 수 있을까요?

불가능할 것 같은 이야기이지만 사실은 우리 생활 속에서 전부 일어날 수 있는 현실적인 이야기들입니다. 사람들은 자기 자녀의 잘못에 대하여 한없이 용서합니다. 자식이 아무리 잘못해도 결국은 부모가 용서할 수밖에 없습니다. 만약에 자식이 감옥에 갇혔다면 부모 된 자로서 가만히 있을 수 있겠습니까? 또 자식이 굶주리거나 잘 곳이 없어 헤매거나 병들었다면 어떻게 하겠습니까? 단숨에 달려가 자식을 위해 무슨 일이라도 하지 않겠습니까?

그런데 이 자식을 향한 부모의 마음을 자식이 아닌 이웃에게 하라고 하시는 것입니다. 자식을 자기 자신처럼 사랑하는 것을 넘어서서 이웃을 자기 자신처럼 사랑하라는 것입니다. 그리고 그것이 불가능한 이야기가 아니라고 하시는 것입니다. 왜냐하면 예수님께서 이미 사랑의 본을 보이셨기 때문입니다. 예수님께서 우리를 위해 십자가 고난을 당하심으로써 자식을 사랑하는 부모처럼 이웃을 사랑할 수 있게 된 것입니다. 사람으로써는 할 수 없지만 하나님으로써는 할 수 있게 되는 것입니다.

사람을 의지하거나 사람들로부터 인정을 받기 위해서 이웃이 존재하는 것이 아닙니다. 사람을 사랑의 대상으로 할 때 그 사람은 위대한 힘을 발휘합니다. 그런데 예수님은 바로 그런 사랑의 시각으로 사람들을 바라보라는 것입니다. 이 세상의 모든 사람들을 대할 때 마치 자기 자신이나 자식을 대하는 것과 같은 마음으로 하라는 것입니다. 그것은 가능한 이야기이며 그것이 이웃사랑의 실체입니다. 그리고 하나님께서 주신 율법의 모든 초점은 바로 이웃사랑에 맞추어져 있는 것이고, 이웃을 향한 모든 계명들은 전부 사랑 안에 다 들어 있는 것입니다. 그래서 사랑이 율법의 완성이라고 하는 것입니다.

그리스도인이 사람을 의지할 대상으로 삼거나 사람으로부터 인정받으려고 하거나 사람을 지배하려고 하는 한 그리스도의 사랑은 우리 안에 거할 수가 없습니다. 하지만 그리스도인이 사람을 사랑과 섬김의 대상으로 바라보고 대한다면 그리스도의 사랑은 우리들의 영혼 속에 온전히 거하게 됩니다. 그런 상태를 바로 성령 충만한 상태라고 할 수 있게 되는 것입니다. 보통 가지고 있는 성령 충만의 개념과 많이 다르죠? 아무튼 그렇게 된다면 우리들의 신앙은 상처받을 일도 훼손될 일도 부끄러울 일도 없게 되는 것입니다. 사람을 사랑의 대상으로 볼 때 그리스도의 복음은 우리 신앙인들과 교회를 통해 구석구석까지 전파될 것입니다.

자기중심적 시각의 문제

기독교신앙에 있어서 가장 중요한 것은 시각이라고 할 수 있습니다. 신앙이란 자기중심적 시각을 하나님 중심적 시각으로 옮겨가는 과정이기 때문입니다. 신앙생활을 아무리 오래 해도 자기중심적 시각을 버리지 못하면 종교적인 신앙인이 될 수밖에 없습니다. 왜냐하면 모든 것을 자신이 잘 되는 것에만 초점을 맞출 수밖에 없게 되기 때문입니다. 바리새인들은 말로는 하나님 중심, 율법 중심이라고 하지만 철저하게 자기중심적이었습니다. 사람에게 어떻게 보일까를 먼저 생각하는 사람들이었기 때문입니다.

우리들의 주변에는 영적인 은사가 강한 분들이 많습니다. 하지만 은사가 강한 분들에게서 어떤 미담을 듣는 경우는 별로 없습니다. 많은 경우에 은사가 강한 분들은 다소 권위적이 되는 경우가 많고 그 은사로 사람을 지배하려는 성향을 보입니다. 카리스마를 앞세우기도 합니다. 그렇다고 그분들을 존경할 만한 그리스도인으로 보는 경우는 많지 않습니다. 왜 그들은 강한 은사를 가지고도 그리스도의 이름을 높여드리지 못하겠습니까? 전적으로 자기중심적인 시각으로 모든 세상을 바라보기 때문입니다.

하나님 중심적인 시각으로 보면 자기는 그냥 도구일 뿐이라는 생각이 지배하지만 자기중심적으로 보면 하나님께서 자기에게 주신 능력에 초점을 맞추게 됩니다. 은사는 그냥 도구일 뿐입니다. 겸손한 사람이 은사를 사용하면 하나님께 영광이 되지만 자기중심적으로 은사를 사용하면 하나님의 영광을 가로채는 일까지 일어나게 됩니다. 은사가 아니라 어떻게 하면 하나님 중심적으로 세상을 볼 수 있을까를 고민해야 합니다. 그것이 신앙인의 성장입니다.

성경을 많이 알면 장성한 성도가 될까요? 그럴 확률이 높기는 하지만 만약에 자기중심적으로 안다면 그 사람은 모든 성경말씀을 자기중심적으로 해석해 버리게 됩니다. 자기의 삶과 관련되거나 도움이 되는 성경말씀밖에 안 들립니다. 은사 중심적, 축복 중심적 신앙생활을 하는 사람도 항상 말씀을 앞세웁니다. 축복이 되는 말씀만을 골라서 자기 삶에 적용하려고 하게 되는 것입니다. 아픔이 되고 찔림이 되는 말씀이 정말 자신에게 필요한 말씀인데, 그냥 달콤하거나 축복의 약속만을 붙들고 자기 삶에 적용하려고 하니까 하나님의 마음은 안중에도 없어지게 되는 것입니다.

고난이나 박해나 어려움은 자기중심적인 시각을 하나님 중심적으로 바꾸게 하기 위한 하나님의 선물입니다. 그래서 그런 체험을 가질 때마다 조금씩 하나님의 시각으로 변화되는 것입니다. 만약에 하나님 중심적인 시각을 조금이라도 얻지 못하면 전혀 성장이 일어나지 않고 똑같은 고난과 문제를 반복하게 됩니다. 생활체험과 함께 영적 체험도 물론 소중한 경험입니다. 하지만 이 영적 체험마저도 자기중심적으로만 본다면 전혀 그 의미가 사라져버리게 됩니다. 오히려 사람들에게 교만한 사람이 되어버릴 수도 있습니다. 체험은 하나님의 시각을 느낄 수 있도록 기획되어야 합니다.

기도도 마찬가지입니다. 사실 하나님의 시각을 배울 수 있다면 대부분의 기도는 하지 않아도 되는 기도들입니다. 그런 기도의 대부분은 불교에서나 무속신앙에서 행해지는 기도와 조금도 다를 바가 없습니다. 물론 똑같지는 않습니다. 왜냐하면 우리들의 기도는 창조주 여호와 하나님께 드려지는 기도이기 때문입니다. 그러나 그런 기도가 이방인들이 비는 것과 조금도 다를 것이 없는 것이라면 하나님께서 그 기도를 받으시겠습니까? 물론 하나님과의 대화 차원에서라면 얼마든지 그런 기도를 드릴 수 있습니다. 하지만 하나님의 마음과는 전혀 관계없는 기도라면 공연히 수고만 하는 것입니다. 하나님의 마음, 하나님의 뜻을 깨닫고 기도를 드린다면 생활기도는 거의 드려지지 않게 될 것입니다.

교회의 모든 프로그램들은 하나님의 시각을 배우게 하기 위한 것이어야 합니다. 하나님의 시각을 배우고 느끼고 그런 시각으로 교회를 바라보고 이웃을 바라보고 세상을 바라볼 수 있어야 합니다. 기독교 신앙의 거의 모든 문제는 이 자기중심적인 신앙이라는 데에서 찾을 수 있을 것입니다. 100% 하나님의 시각을 가진 사람은 없겠지만 하나님의 시각, 하나님의 관점을 우리의 신앙의식으로 만들기 위함 몸부림이 우리의 삶이어야 하는 것입니다.

> "너희는 이 세대를 본받지 말고 오직 마음을 새롭게 함으로 변화를 받아 하나님의 선하시고 기뻐하시고 온전하신 뜻이 무엇인지 분별하도록 하라"(롬 12:2)

작디작은 교회에서의 예배

어제는 아주 작은 지하교회에서 예배를 드리고 왔습니다. 5월 29일부로 은퇴하고 주일마다 오금동에 있는 교회를 찾아다니면서 한 사람의 성도로서 예배를 드리고 있습니다. 제가 목회하던 교회가 거여동에 있는데도 집이 있는 오금동의 교회를 찾아가는 이유는 오금동의 교회들은 저를 모르기 때문입니다. 당분간은 계속할 예정인데 그 동안 주로 건물 있는 교회를 찾아다니다가 어제는 처음으로 임대 교회를 찾다가 지하교회에 간 것이었습니다.

그 교회에 들어서는데 여성목회자가 강단에 있었고 70~80대 할머니 한 분이 막 예배당 안으로 들어가고 있었습니다. 따라 들어가면서 목사님께 "예배드리러 왔어요." 하고 말하니 목사님이 좀 의외라는 표정으로 고개를 끄떡 합니다. 아마 외부 사람이 그 교회를 찾는 일이 거의 없었을 것 같습니다. 아무튼 그렇게 들어가서 앉았는데 땀이 비 오듯 했습니다. 에어컨이 없어서 선풍기만 몇 대 돌리고 있었는데 내 쪽으로는 잠깐씩 고개만 빼꼼 하고는 다시 돌아가 버립니다. 그러는 중에 50대 여성도와 20대 청년이 들어와서 자리에 앉습니다.

반주기로 찬양을 하는데 목사님이 수시로 박자를 놓치고, 음정을 두 단계쯤 낮추면 좋을 것 같은데 그대로 해서 높은 음을 내기가 힘들었습니다. 그렇다고 옛날에 성가대 찬양하듯이 저 혼자 소리 높여 찬양할 수도 없었습니다. 게다가 제가 한 번도 불러보지 않았던 찬송가를 두세 곡 부릅니다. 물론 찬송가 책을 보고 잘 따라 불렀지만 다소 신기하게 느껴졌습니다.

주보가 없었고 찬송가는 작은 영상으로 보면서 불렀지만, 교독문은 각자가 찬송가 뒤에서 찾아야 하는데 중년의 여성도는 그것을 몰라서 헤매었고 목사님이 내려와서 대신 찾아주는 것이었습니다. 20대 청년은 그래도 좀 아는 것 같았습니다. 헌금찬양을 부르는데 헌금바구니도 없었고 헌금을 따로 드리게 하지도 않았습니다. 뒤쪽을 보니 감사헌금 봉투 대신 흰 봉투만 있어서 가져다가 헌금을 넣는데 찬양이 끝나고 목사님의 헌금기도가 드려지고 있었습니다. 강단에 헌금봉투를 올렸습니다.

처음에 들어가서 땀을 비 오듯이 흘리는데 문득 드는 생각은 예수님이 오신다면 이런 교회로 오시지 않을까 하는 것이었습니다. 아무튼 상당히 서툴고 세련되지 못한 예배였는데 저는 은혜가 되었습니다. 찬송가를 부를 때에도 가사가 제게 도전이 되는 것이었습니다. 회개의 내용인데 제가 신앙개혁 한다면서 오히려 마음이 더 강퍅해지지 않았나 하는 회개가 나왔고, 목사님이 회개기도를 하면서 이웃을 자기 자신처럼 사랑하지 못한 죄를 용서해달라는데 그것이 저의 회개가 되는 것이었습니다.

설교는 그냥 복음의 핵심인데 설교 자체가 설득력이 있다거나 세련되거나 감동적인 것이 아닌데 속으로 우리가 너무 기본적인 은혜를 잊어버리고 살고 있다는 생각을 하게 되었습니다. 설교는 세 사람에게 하는 것이지만 거의 80대 할머니에게 초점을 두고 이야기하고 있었습니다. 예수님께서도 죄인들의 수준에 맞추어서 내려오신 생각이 나면서 그것도 은혜가 되었습니다.

두 달 넘게 다녀본, 규모가 있고 성도들도 수백 명 있는 교회도 있었고 큰 비전을 제시하는 교회도 있었지만 왜 이 작디작은 교회 예배에서 가장 큰 은혜를 받았을까요? 차츰 마음속으로 정리가 되겠지만, 가장 첫 이유는 순수성에 있지 않을까 생각합니다. 다른 것 신경 쓰지 않고 그냥 하나님께 예배드리는 것입니다. 저도 요즘 교회의 모습이나 성도들의 숫자나 설교자의 설교가 아니라 그냥 하나님께만 예배를 드릴 수 있도록 인도해주시기를 간절하게 기도하면서 예배드리고 있습니다. 예배의 기본에 걸리는 부분이 있을 때에는 다소 은혜가 떨어질 때도 있지만 대개 은혜를 받고 있습니다. 아무튼 하나님과 성도 사이에 걸림돌이 있다면 참된 예배를 드리기 어렵습니다. 그런데 참 예배를 드리기 위해 넣은 프로그램들이 오히려 은혜를 가로막을 수도 있는 것입니다.

또 하나님과 성도 사이를 연결하기 위해 애를 쓰는 모습도 은혜가 되었습니다. 중간 중간에 할머니가 알아들었는지를 자꾸 확인하는 모습도 보기 좋았습니다. 설교는 전혀 잘 하는 설교가 아니었음에도 은혜가 되는 까닭이었습니다. 물론 그 목사님이 어떤 분인지 전혀 알 수 없고 어떤 영성을 지닌 분인지 전혀 모릅니다. 단 한 번의 예배로 어떻게 알 수 있겠습니까? 다만 예배의 순수성과 성도를 어떻게 하든지 하나님을 더 알 수 있도록 이끌려고 애쓰는 모습에서 은혜를 받았을 뿐입니다.

교회개혁, 교회개혁 하지만 개혁은 하나님과의 관계를 가로막는 모든 인본주의, 기복주의, 물신주의, 성공주의를 극복하는 것이어야 합니다. 아주 작은 미니교회에서 세 사람이 참석한 전혀 세련되지 못한 예배를 통하여 오히려 참된 예배의 실마리를 생각한 귀중한 주일이었습니다.

예배와 식사

예배는 식사와 유사한 점이 많습니다. 단순히 말씀을 취하는 것이 아니라 하나님과의 교제이기 때문입니다. 식사를 통하여 음식을 섭취하듯이 예배를 통하여 하나님과의 만남을 충족시키는 것입니다. 그렇다면 예배는 어떤 식의 식사에 비유할 수 있을까요? 예배는 한식일까요? 뷔페식일까요? 아니면 바비큐식일까요? 그것도 아니면 혹시 비빔밥일까요? 아마도 예배를 식사에 비유한다면 그것은 코스 요리가 될 것입니다. 왜냐하면 예배는 무조건 맛있는 음식을 많이 먹는 것과 같은 것은 아니기 때문입니다.

그러면 예배를 신령과 진정으로 잘 드리기 위해서는, 곧 코스 요리를 잘 먹기 위해서는 어떤 준비가 필요할까요? 요리를 먹는 데 무슨 준비가 필요하냐고 할 수 있을지 몰라도 예배에 아무 준비 없이 와서 드리는 경우가 너무 많기 때문에 요리 이야기를 통해서 예배를 잘 드리는 법을 생각해보고자 합니다.

우선 첫째로 무슨 요리이든지 간에 배고픈 상태에서 식사를 할 때 음식이 가장 맛있다는 것은 불변의 진리입니다. 천하 없는 산해진미라도 배부른 상태에서는 식욕도 없을 뿐만 아니라 맛도 떨어집니다. 그러나 평소에 거들떠보지도 않던 음식이라도 배가 몹시 고픈 상태에서는 아주 맛있게 먹을 수 있습니다. 이와 마찬가지로 영적으로 배가 고픈 상태에서 예배를 드릴 때 우리는 가장 효과적으로 예배할 수 있습니다. 하나님으로 지극히 가난해진 사람만이 온전한 예배를 드릴 수 있고 완전한 은혜를 받을 수 있습니다. 그것은 마치 제물과도 같은 것입니다. 온전한 예배는 우리 자신을 산 제사로 드려야 하는데 우리를 죽이지 않으면 제물이 될 수 없고 제물이 되지 못하면 그것은 예배가 아닌 것입니다. 그러므로 우리는 하나님으로 갈급한 상태를 유지하려고 늘 애써야 하는 것입니다. 이것은 요리 형식과는 관계없는 이야기이지만, 예배의 가장 기본적인 조건이기 때문에 이야기하는 것입니다.

둘째로, 음식을 대할 때 배고픈 상태를 유지하기 위해서는 다른 군것질 등으로 배를 불릴 필요가 없다는 것입니다. 고급 코스 요리를 앞두고 이것저것 과자나 빵 같은 것을 먼저 먹지는 않습니다. 마찬가지로 하나님으로 갈급한 상태를 유지하기 위해서는 이런저런 잡다한 것을 먼저 취하지 말아야 합니다. 가장 비근한 예가 바로 근심이나 걱정이나 욕심들입니다. 예배를 앞두고 이런 감정의 찌꺼기들이 그대로 남아 있으면 하나님께 집중할 수가 없습니다. 또한 다른 사상이나 이념이나 적자생존의 사고방식들로 꽉 채워져 있으면서 예배 자리에 온다면 시작부터

패배해 놓은 게임과 비슷해져 버립니다. 예배 자리에 나올 때에는 머릿속에 들어있는 여러 가지 생각들을 내려놓아야 합니다. 그래야 하나님으로 배불러질 수 있는 것입니다.

셋째로, 코스요리와도 같이 음식을 취하는 방식과 과정을 지켜야 한다는 것입니다. 예배는 자신이 좋아하는 것만을 취하는 것은 아닙니다. 뷔페식이나 한식처럼 자신이 좋아하는 음식만을 골라서 먹는 식사가 아니라 모든 음식을 순서에 따라 고르게 먹을 수 있는 것이 예배여야 한다는 것입니다. 음식을 먹는 방식도 요리에 따라 다양할 수 있습니다. 되도록 이런 것들을 잘 지킨다면 훨씬 맛있고 소화기관에도 좋으며 몸에도 유익한 식사가 될 것입니다. 예배에는 여러 가지 요소들이 있는데 각 요소마다 최선을 다해 대한다면 예배의 승리자가 될 수 있을 것입니다. 찬양과 기도와 말씀과 헌금과 교제까지 순서마다 최선을 다한다면 그 예배는 참으로 온전한 예배가 될 것입니다.

마지막으로, 음식을 소화할 수 있어야 하겠다는 것입니다. 음식을 잘 소화하려면 우선은 너무 많이 먹지 말아야 하겠다는 것입니다. 아무리 맛있어도 배가 터지도록 음식을 먹는다면 그것은 좋은 식사라고 할 수는 없습니다. 예배를 코스 요리에 비유한 이유가 여기에도 있습니다. 다른 방식의 식사는 자기가 좋아하는 음식을 한꺼번에 마음대로 먹을 수 있습니다. 그러나 코스 요리에서는 골고루 음식을 취할 뿐만 아니라 시간을 두고 음식이 나오기 때문에 일정한 양이 채워지면서 서서히 식욕이 줄어들게 됩니다. 물론 예배를 지나치게 많이 드린다는 말은 어폐가 있겠지만 무조건 예배를 많이만 드리면 좋을 것이라는 생각은 바로 여기에 해당된다고 할 수 있습니다. 준비된 예배를 순서에 따라 충분히 드려질 때 그 예배는 거룩한 산 제사가 될 수 있는 것입니다.

여기에 어떤 식이든지 공통적으로 적용될 수 있는 점이 바로 음식의 소화라는 말입니다. 아무리 맛있는 음식을 코스를 따라 적절하게 먹었더라도 그 음식을 소화시키지 못한다면 사실상 그 식사는 헛것이 될 수 있습니다. 궁극적으로 말해서 음식을 취하는 목적은 소화시키는 것이 아니겠습니까? 그런데 음식을 소화하지 못한다면 당장 체하거나 배탈이 날 수도 있을 것이고 또 이것이 반복되면 비만이나 성인병 등으로 번질 것이 아니겠습니까? 예배의 문제점이 바로 여기에 있습니다. 물론 좋은 음식을 적절하게 순서를 따라 취한다면 소화는 거의 자동으로 이루어집니다. 하지만 예배는 신앙인으로서의 활동을 하지 못하면 거의 소화불량이 될 수밖에 없습니다. 지식으로만 잔뜩 쌓이거나 예배를 잘 드렸다는 영적 교만이나 의로움으로 채워져 버릴 수도 있습니다.

세상에서 몸을 움직여서 정상적으로 활동을 하는 사람이라면 거의 음식을 잘 소화시킬 수 있습니다. 신앙생활에서도 예배를 잘 드리고 나면 그 예배에서 받은 은혜를 이웃이나 세상과 나눌 수 있어야 비로소 예배는 완성되는 것입니다. 거룩한 예배를 대할 때 마치 코스 요리처럼 생각하고 잘 준비함으로써 모든 예배에서 승리하는 그리스도인들이 다 되면 좋겠습니다.

"너희는 이 순서대로 이레 동안 매일 여호와께 향기로운 화제의 음식을 드리되 상번제와 그 전제 외에 드릴 것이며"(민 28:24)

기도, 어떻게 해야 할까요?

바알의 선지자 450명과 여호와의 선지자 엘리야가 대결을 벌입니다. 오늘날 이런 대결은 절대로 하면 안 됩니다. 하나님을 시험하는 것일 수 있기 때문입니다. 그러나 엘리야는 여호와의 말씀을 듣고 아합에게로 간 것이었습니다. 어느 신이 진짜 신인가를 가려보자는 것이었습니다. 바알의 선지자 450명과 아세라 선지자 400명을 갈멜산으로 불러 모았습니다. 송아지 한 마리씩을 각각 취하고 서로가 자기들의 신에게 기도하여 어느 신이 제물을 불로 태우는가를 보자는 것이었습니다. 아합과 그의 선지자들도 이의가 없었습니다. 그리하여 세기의 대결이 시작되었습니다.

바알의 선지자 450명은 열렬한 통성기도를 시작했습니다. 아침부터 정오까지 소리를 지르며 기도했지만 전혀 응답이 없었으므로 그들은 제단 주위에서 춤을 추면서 그들의 신을 불렀습니다. 정오가 지나도 아무런 반응이 없자 그들은 그들의 규례를 따라 칼과 창으로 피가 흐르기까지 그들의 몸을 상하게 하면서 기도했습니다. 하지만 아무런 응답이 없자 그들은 미친 듯이 떠들며 기도를 지속했습니다. 그러나 저녁 소제 드릴 때까지 아무도 돌아보지 않았고 제물은 그대로였습니다. 그들의 기도는 죽은 신을 향한 것이었기에 아무런 반응이 없을 수밖에 없었습니다. 그들의 신은 그들이 만들어낸 우상이었던 것입니다.

반면에 엘리야는 거의 기도하지 않았습니다. 영적으로 귀신들을 쫓아내는 대적기도도 하지 않았습니다. 엘리야는 오히려 조건을 훨씬 까다롭게 만들었습니다. 제단 주위에 도랑을 파게 했고 제물과 나무 위에 물을 네 통씩 쏟아 붓기를 세 번 반복하였습니다. 거기에 불이 내려오더라도 불이 붙을 수 없을 정도로 만들었습니다. 엘리야는 불을 내려달라거나 강한 불을 내리셔서 젖은 나무와 제물도 다 채워주소서 하는 기도를 하지 않았습니다. 다만 백성들로 하여금 정말 하나님이 누구신가를 알게 해달라고만 기도했습니다. 그러자 하늘에서 여호와의 불이 내려서 제물과 나무와 돌과 흙과 도랑의 물을 다 핥아버렸습니다.

우리의 상식이라면 엘리야는 하나님의 음성을 듣고 준비 기도를 할 것입니다. 금식작정기도를 할 것입니다. 담대함을 달라고 주변에 기도요청을 수없이 할 것입니다. 그러나 단지 엘리야는 대결의 현장에서 맨 마지막에 여호와께서 참 하나님이심을 백성들이 알게 해 달라고만 기도했습니다. 그런데 하나님은 엄청난 응답을 주셨고 마귀의 종들 850명을 그 자리에서 처형하게 하셨습니다. 기도의 본질을 생각해보자는 이야기입니다. 기도의 행위에 초점을 맞추면 그 기도는 거의 허공에 흩어져

버릴 뿐입니다. 기도하려면 먼저 무엇을 해야만 할까요? 내가 과연 하나님의 말씀에 순종하고 있는지, 정말 말씀을 하나님으로 알고 말씀에 생명을 걸고 있는가를 먼저 살펴야 합니다. 그러면 그 기도는 길게 할 필요도, 통성으로 할 필요도, 울부짖으며 기도할 필요도 없어지는 것입니다. 그것이 진짜 기도입니다.

엘리야는 하나님의 부르심을 받은 후 기도하는 모습을 별로 보이지 않았습니다. 아합에게 가뭄을 선포하고 나서 몸을 피해 가면서 자기 먹고 살 것을 위해서는 단 한 마디도 기도하지 않았습니다. 그릿 시냇가에 갈 때에도, 사르밧 과부에게 갈 때에도 그는 기도하지 않았습니다. 사르밧 과부의 아들이 죽었을 때에만 기도했습니다. 우리가 하나님의 말씀에 순종하고 실천하기만 하면 우리들이 드리는 기도의 90%는 하지 않아도 되는 것들입니다. 신앙인들이 기도해야 할 중요한 주제는 하나님께서 세상에서 영광을 받으시기를 위한 기도입니다. 거기에 우리 자신의 영광이나 성공이나 자랑이나 능력을 드러내려고 한다면 그런 기도는 하지 않는 것이 더 효율적입니다.

회개를 위한 기도를 왜 하겠습니까? 그냥 회개하고 버릴 것을 최대한 버리고 용서할 사람을 용서하고 모든 삶을 하나님께 맡기기만 하면 됩니다. 회개를 위해 기도한다는 것이 벌써 회개하지 않겠다는 것과 같다는 말입니다. 기도하기 전에 말씀대로 살고 있는가를 먼저 살펴야 합니다. 말씀대로 살려고만 하면, 그 나라와 그 의를 구하기만 하면 우리의 모든 삶을 책임져주십니다.

> "그러므로 염려하여 이르기를 무엇을 먹을까 무엇을 마실까
> 무엇을 입을까 하지 말라 이는 다 이방인들이 구하는 것이라
> 너희 하늘 아버지께서 이 모든 것이 너희에게 있어야 할 줄을
> 아시느니라 그런즉 너희는 먼저 그의 나라와 그의 의를 구하라
> 그리하면 이 모든 것을 너희에게 더하시리라"(마 6:31~33)

헌금으로 의무를 다한 것입니까?

우리들의 신앙생활에 있어서 교회 중심, 예배 중심의 삶은 굉장히 중요합니다. 하나님께서 예수 그리스도를 통하여 교회를 세우시고 교회를 통하여 성도들을 이끌어 가시기 때문입니다. 교회 중심, 예배 중심의 삶이 아니면 어떤 의미의 복이든지 받을 수도 없고 또 받은 것처럼 보인다 해도 허상일 수밖에 없습니다. 이는 헌금의 자세와 내용도 마찬가지로, 교회헌금을 통하여 주님의 뜻을 행하는 것이 당연한 것입니다. 그런데 이 당연한 신앙상식이 그리스도인의 그리스도인다운 삶을 가로막고 있다면 어떻게 되겠습니까? 물론 기본적인 십일조, 감사헌금, 기타 목적헌금 등을 교회에 하지 말라는 이야기가 아닙니다. 내가 하나님께 진정으로 감사하여 이런저런 항목으로 기쁘게 헌금을 드려야 교회도 건강한 역할을 다할 수 있습니다.

오늘날에는 물질 중심적, 성공 중심적 사고방식이 교회 안에도 그대로 들어와 있습니다. 그래서 물질적으로, 세상적으로 부유한 신앙인을 축복받은 성도라고 생각들을 하고 있습니다. 목회자도 예외가 아니어서 외형적, 수적 성장이 목회자의 영성의 크기쯤으로 여겨지는 것이 현실입니다. 그러다 보니 비교적 부유한 신앙인의 물질관이 세속적으로 흘러서 스스로 믿음이 좋은 사람쯤으로 여기는 경우가 대부분입니다.

그런데 문제는 여기에서 발생합니다. 자신이 가진 풍요로운 물질 중에서 일정한 액수, 혹은 비율만큼 교회에 헌금하기만 하면 신앙의 의무를 다한 것으로 여기게 됩니다. 그렇게 일정한 헌금을 교회에 드리기만 하면 나머지는 자기 마음대로 사용해도 된다고 생각하게 됩니다. 그렇게 교인의 의무를 다하고 나머지는 어떻게 사용하든 마음대로 쓰니까 결국 세상적인 삶을 추구할 수밖에 없게 되고, 그의 생활에서 그리스도인다운 삶의 실천이 빈약해질 수밖에 없게 되고, 그리스도인으로서의 영향력은 사라지게 되는 것입니다.

그러면 어떻게 해야 기복적인 성도의 삶에서 벗어나게 할 수 있을까요? 예수님께서는 한 번도 물질을 교회에 갖다 바치라고 말씀하지 않으셨습니다. 오히려 재산을 팔아 교회보다는 가난한 사람들에게 나누어줄 것을 요구하셨습니다. 자기 재산을 가난한 사람들에게 나누어주려고 하면 가난한 사람들의 사정을 알아봐야 하고, 그들의 사정을 따라 물질을 어떻게 나눌 것인가를 고민하다 보면 주님의 마음을 깨닫게 되고, 주님의 마음을 깨달으면서 가난한 사람들과 부딪치다 보면 성령님으로 인하여 그 일이 즐겁게 되고, 즐거운 마음으로 사랑을 실천하다 보면 그리스도가 그를 통하여 사람들에게 드러나게 되어 있습니다. 오늘날의 다소 지나친 헌금관이 이런 실천적인 그리스도인의 삶을 가로막고 있는 것입니다.

부유한 성도들이 많이 사는 지역에 있는 큰 교회에는 물질이 넘쳐납니다. 바로 근처에 있는 지하교회의 목사님과 사모님은 때로 끼니를 거를 정도로 힘들게 목회를 하고 있습니다. 큰 교회의 부유한 성도가 한 번씩 드리는 큰 헌금은 기본적인 헌금과는 성격이 전혀 다릅니다. 어째서 이웃이나 작은 교회를 생각하지 않고 무조건 자기 교회에 몽땅 다 드려야만 하겠습니까? 자기가 출석하는 부유한 교회에 많은 헌금을 내면 더 큰 상을 받을 것이라고 생각한다는 말입니까? 아닙니다. 기본 의무에 속하는 헌금으로 교회에 충실한 성도라면 특별한 계기에 생기는 물질을 자기 교회에 드리지 말고 주변의 불쌍한 이웃이나 어려운 교회를 돕는데 사용할 것을 권면합니다.

아울러 기독교인의 소유에 대한 개념도 주님의 말씀을 따라 다시 정립해야 할 것입니다. 생활에 필요하다고 생각하는 물질의 규모는 사람에 따라, 형편에 따라 다를 것입니다. 만약에 자신과 가족들의 삶과 미래에 대한 예비 차원에서 가지고 있는 재물 이외에 다른 많은 재산이 있다고 할 경우, 그 나머지 재산은 잉여물질이라고 할 수 있습니다. 주님 말씀을 따르자면 그 잉여물질은 전부 이웃을 위해 사용되어야 합니다.

재물은 어려운 이웃에게 사용하기 위해 존재하는 것입니다. 말씀을 따라 복음을 전파하고 이웃을 돕기 위한 수많은 일들이 기획되고 행해져오고 있습니다. 그토록 중요하고 긴급한 일들을 하는 분들에게는 물질이 너무나도 부족합니다. 반면 신실한 그리스도인이면서 재물을 그대로 소유하고 있는 부자 기독교인들이 너무나도 많습니다. 그 물질은 절대로 하늘나라에 가지고 가지 못합니다. 그렇다면 주님의 마음을 깨닫고 소외되고 불우한 이웃이나 진정 하나님의 일을 위해 순수하고 열정적으로 일하는 수많은 주의 사역자들에게 나누어지는 것이 옳습니다.

교회에 대한 의무를 다하십시오. 그러나 예수님께 대한 의무도 다해야 합니다. 아니, 먼저 예수님께 대한 의무를 다하고 교회에 대한 의무를 행하는 것이 바른 것입니다. 물론 예수님께 대한 의무가 교회에 대한 의무일 때도 아주 많이 있습니다. 그럴 때조차도 교회에 대한 의무이기 때문이 아니라 주님께 대한 의무이기 때문이 최선을 다할 수 있기를 바랍니다.

복음대로 산다는 것

전에는 이것이 비교적 분명했었습니다. 스스로 저의 삶을 볼 때 어느 정도는 복음대로 살고 있다고 생각했었습니다. 그런데 지금은 제가 정말로 복음대로 살고 있는지 자신이 없습니다. 물론 나이가 있어서 젊을 때처럼 그렇게 활기 있게 사는 일이 힘겨워진 데에서도 그 원인을 찾을 수 있습니다. 하지만 제가 지금 복음대로 산다는 것의 의미를 보다 더 확실하게 깨달아서 알고 있기 때문이라고도 할 수 있을 것입니다. 제가 과거에 복음대로 살고 있다고 생각한 것은 사실은 복음에서 많이 동떨어진 삶이라는 것을 지금은 거의 정확하게 알게 되었습니다. 그리고 지금 교회의 문제가 바로 그것이며 동시에 바로 그것이 교회의 문제를 해결할 수 있는 수단이라는 것도 알게 되었던 것입니다. 그런데 그 수단이라는 것은 거의 유일한 수단입니다.

우리는 교회 안에서 우리의 신앙생활의 대부분을 보내는 사람을 믿음 좋은 사람으로 인정하는 경향이 있습니다. 그런 사람을 복음대로 사는 사람이라는 말과 동의어로 알고 있을 것입니다. 물론 전도 잘하고 구제도 행하고 나눔도 열심히 하는 사람들도 많이 있습니다. 그런 활동을 펼치는 사람들 자신도 그것이 복음대로 사는 것이라고 생각하고 있을 것입니다. 여기에 우리가 생각하는 복음에 대한 오해가 생겨나게 됩니다. 왜냐하면 이웃이나 세상에 대해서 하는 활동들을 부수적인 것으로 생각하고 있기 때문입니다.

하지만 복음은 오히려 그렇게 사람들과의 관계를 우선적으로 여기고 그런 삶을 중심으로 사는 것이 참된 삶이라고 가르칩니다. 물론 교회활동이 중심이 되어야 하지만 그와 비슷한 비중으로 이웃과의 관계가 펼쳐져야 그것이 복음적인 삶이 되는 것입니다. 이런 의식을 그리스도인들이 가지지 않는 이상 더 큰 변화는 거의 불가능에 가깝게 될 것입니다. 이웃과의 관계가 중심이 되는 삶이 아니면 본질적인 의미에서의 복음적인 삶이 될 수 없는 것입니다.

중요한 것은 우리가 복음대로 산다고 생각하는 데에는 아주 중요한 요소가 빠져있다는 사실입니다. 그것이 바로 하나님의 마음입니다. 성도시절에 교회 안에서 누구보다 더 열정적으로, 정말 마음을 다하고 힘을 다하여 교회를 섬겼습니다. 그렇게 하는 것이 잘 하는 것이고 하나님 앞에 상을 받고 복도 받는 것이라고 굳게 믿었었습니다. 물론 그렇게 믿는 것은 아주 좋은 일입니다. 담임목사의 입장에서도 너무나도 귀한 일꾼입니다. 그 자체에 문제가 있는 것은 전혀 아닙니다. 그렇게 하지 못해서 문제이지 그렇게 일하는 것을 뭐라고 하면 절대 안 됩니다.

다만 자기중심적으로 하는 것이 아니라 하나님 중심적으로, 다시 말하면 하나님의 관점에서 그 일과 자기 자신을 바라볼 수 있어야 한다는 뜻입니다. 그러니까 맡겨진 일을 누구보다 더 충성스럽게 감당한다고 하더라도 자기가 중심이 되어 있는 이상 그것은 복음대로 사는 것일 수가 없다는 것입니다.

그런데 우리는, 어쩔 수 없는 한계이기는 하지만, 너무 겉모습이나 일의 결과에만 모든 초점을 맞추기 쉬운 존재들입니다. 물론 우리는 그렇게 어떤 결과를 만들기 위해서 온갖 지혜를 다 짜내고 모든 힘을 다 모으고 철야 금식기도하여 사명을 감당하려고 해야 합니다. 그런데 그렇게 하다가 보면 자기 자신이나 일 자체에 몰두하게 되어버립니다. 하나님의 뜻만 생각하고 정작 하나님의 마음은 잃어버리게 된다는 말입니다. 바리새인들을 향한 예수님의 말씀이 바로 그것입니다.

> **"화 있을진저 외식하는 서기관들과 바리새인들이여 너희가 박하와 회향과 근채의 십일조를 드리되 율법의 더 중한바 의와 인과 신은 버렸도다 그러나 이것도 행하고 저것도 버리지 말아야 할지니라"(마 23:23)**

그러니까 겉으로 드러나 있는 하나님의 뜻에만 몰두하다가, 곧 모든 것을 자기가 중심이 되어서 지키는 것에만 초점을 맞추다 보니까 하나님의 마음, 곧 의와 인과 신은 버렸다는 말입니다. 대부분의 성도들과 사역자들은 바로 이 함정에 빠져있는 것입니다. 주변에서 이런 모습들은 얼마든지 발견할 수 있습니다.

복음대로 또는 말씀대로 산다는 말은 따라서 어디에서 어떤 일을 어떻게 하든지 자기가 중심이 되는 것이 아니라 하나님 곧 하나님의 마음이 중심이 되는 삶을 말하는 것입니다. 아무리 큰일을 하고 기적을 베풀고 엄청난 사역을 감당한 사람이라도 그 성과 자체만을 보고 쉽사리 존경하지 못하는 가장 큰 이유입니다. 대개 어떤 식으로든 그 사람의 본성은 단편적으로 드러나게 되어있습니다. 복음대로 산다는 말은 따라서 말씀 그대로 실천해보아야 그 속에 들어있는 본래의 참 뜻, 곧 하나님의 마음을 조금이라도 알 수 있게 되는 것입니다. 그러면 다른 차원의 삶이 기다리는 귀중한 통로를 발견하게 될 것입니다.

예수님은 십자가 구속을 통한 죄 사함과 구원을 베풀기 위해 오셨지만 그와 동일한 비중으로 하나님의 마음을 실천적으로 보여주기 위해 오신 것입니다. 그런데 자기가 중심이 되어 자신에게만 초점을 맞추고 산다면 그 사람을 과연 참된 구원을 받은 사람이라고 할 수 있겠습니까? 우리는 다른 차원을 바라보고 살아야 합니다. 그것이 복음대로 사는 것입니다.

모세를 생각하며

하나님께서 모세를 80살에 부르신 이유가 무엇이었을까요? 물론 여러 가지 말로 그 이유를 표현할 수 있습니다. 그것은 연단을 위한 일이었고 자기를 포기하기까지 기다리신 것이었고 완전무능을 깨닫기까지 참으신 것이었습니다. 모세는 40살까지는 그 누구도 부럽지 않은 삶을 살았습니다. 바로의 궁에서 왕자 대접을 받으면서 자랐고 왕실의 교육도 받았습니다. 후에 미디안 우물가에서 미디안 제사장의 딸들을 위해 여러 명의 그 지역 목동들을 쫓아낸 것을 보면 무술 훈련까지 받았을 것입니다. 아마 자기 형제를 치는 애굽 사람을 죽인 것도 이 무술과 관련이 없지는 않을 것입니다. 그렇게 그는 누릴 수 있는 모든 것을 누리고 살았었습니다. 그런데 뜻하지 않게 그 애굽 사람을 죽인 사건으로 아무것도 가지지 못한 채 정처 없이 멀리 도망칠 수밖에 없었습니다.

모세는 아마도 억울함, 분노, 상처, 그리움, 원망, 고집, 독선 등이 가득 차 있었을 것입니다. 그것은 겉으로 드러나는 외적인 모습과는 많이 다를 수 있습니다. 왜 억울하지 않겠습니까? 자신은 하나님의 백성 히브리 사람을 구하려고 자기 민족을 노예처럼 부리는 애굽 사람을 처단한 것입니다. 그것이 어떻게 죄가 됩니까? 하나님은 나의 정의를 그렇게 몰라주신단 말입니까? 심지어 히브리인끼리 다툴 때 내가 조금 관여한다고 해서 나의 실수를 들쳐 내는 그 히브리 형제는 너무 심한 것 아닐까요? 형제를 구하려고 우발적으로 저지른 일을 그렇게 까발릴 수 있단 말입니까? 또 내가 그렇게 실수했다고 해도 내 양어머니 바로의 공주는 평생 어머니로 모셨는데 나 한 사람 구해주지 못한단 말입니까?

아니, 그 이전에 하나님은 왜 나를 내버려두십니까? 내가 얼마나 이스라엘을 사랑하고 여호와 하나님을 사랑하는데 이런 식으로 내버려두시는 것은 너무하신 것 아닙니까? 내가 나를 알리려고, 내 힘을 과시하려고 그런 것도 아니고 오직 히브리 형제들을 사랑하기 때문에 그런 것인데 그걸 몰라주십니까? 정말 너무하십니다. 내 인생이 이렇게 꼬여버려서 나는 이제 완전히 망했습니다. 내가 이제 무엇을 바라보고 살 수 있겠습니까? 하나님, 너무하십니다.

모세는 이것을 버리는 데 40년이 걸렸습니다. 그는 미디안으로 쫓겨가서 평생을 그렇게 살았습니다. 모세는 그것으로 인생을 마치려고 했을 것입니다. 모세가 80살이 되어 하나님의 부르심을 받았을 때 어떤 상황이었습니까? 그는 그때까지도 장인의 양을 치고 있었습니다. 그냥 힘없는 완전한 양치기 노인이었습니다. 그는 모세가 아니라 힘 빠지고 능력 없어서 장인 심부름이나 하는 그런 노인에 불과하게 되었던 것입니다. 그런데 하나님은 그 때까지 기다리셨습니다. 원망이나 상처나 인정받고 싶은 마음이나 과거를 과시하고 싶은 마음이 완전히 사라질 때까지 말입니다. 만약에 모세에게 자랑하거나 인정받고 싶은 마음이 조금이라도 남아있었다면 하나님은 쓰실 수가 없었을 것입니다. 마음에 화가 남아 있으면 결정적인 순간에 하나님의 일을 망쳐버릴 수 있습니다. 모세는 그 모든 것에서 자유롭게 되었기 때문에(완전 무능하게 되었기 때문에) 하나님의 일을 온전하게 마칠 수 있었던 것입니다.

하나님의 일을 하려면 원망이나 자랑이나 인정받으려는 마음이나 자기 고집이나 자기가 무엇인가 큰일을 할 수 있다는 자신감과 같은 것들을 다 버려야 합니다. 안 그러면 하나님께서 쓰실 수가 없습니다. 하나님의 일을 온갖 악조건 가운데에서도 지속적으로 감당하고 성과를 낸 많은 분들이 있습니다. 자신이 무엇인가를 하려고 하면 할 수 없습니다. 자존심 하나로 여태까지 버텨왔다고 생각하면 희망이 없습니다. 물론 그 자존심 때문에 여기까지 올 수 있었습니다. 그러나 그것조차 버려야 하나님이 쓰십니다. 누군가에게 내 열심을, 내 믿음을, 내 진심을 알아달라고 호소하고 있다면 아직 희망이 없습니다. 하나님이 쓰실 수 없기 때문입니다. 우리는 모세가 되어야 합니다. 자기고집, 자존심, 비전, 인정욕구, 자기 의, 자랑이 남아있으면 자기성공은 있을지 몰라도 하나님의 성공은 결코 없습니다.

하나님의 마음과 세례 요한

하나님의 말씀 속에 있는 것은 하나님의 마음입니다. 하나님의 마음이 빠진 말씀은 단지 성현들의 교훈에 불과합니다. 우리가 사는 세상에서도 마음이 빠지면 서로가 인정할 수 없습니다. 가족이 왜 가족입니까? 가족이란 서로의 마음을 아는 사람들입니다. 친구는 서로 마음을 아는 관계입니다. 마음을 잃어버리면 모든 것을 잃어버리는 것입니다. 그래서 우리는 그것을 관계라고 말하는 것입니다. 믿음이란 무엇입니까? 하나님의 마음을 아는 것입니다. 하나님의 마음을 알아야 관계가 성립됩니다. 많은 사람들이 기독교신앙에 대해서 오해하고 있는 것이 바로 이 점입니다. 기독교신앙은 전부 관계로 이루어져 있습니다. 하나님과의 관계, 이웃과의 관계. 교회와의 관계, 세상과의 관계, 가정과의 관계가 우리 신앙생활의 본질입니다.

그런데 모든 관계의 핵심은 하나님과의 관계로부터 출발합니다. 하나님과의 관계가 세상 속에서 그대로 드러난다는 말입니다. 예를 들어 하나님과의 관계가 좋은 사람이 형제를 미워할 수는 없습니다. 교회에서 열심히 찬양하고 뜨겁게 기도하고 진정으로 예배드린다면서 이웃을 섬기지 않고 나누지 않을 수는 없는 것입니다. 그러니까 믿음이 좋은 사람은 교회생활만 잘 하는 사람이 아니라 하나님과의 관계를 이웃과 세상으로 연결하는 사람입니다. 그런데 하나님과의 관계의 핵심은 무엇입니까? 그것이 바로 마음인 것입니다. 그래서 말씀은 하나님의 마음인 것입니다.

하나님의 마음이 얼마나 중요한가 하면 바리새인들이 하나님의 마음을 잃어버린 결과가 무엇인가를 보면 아주 분명하게 알 수 있는데, 그들이 하나님의 마음을 잃어버린 결과가 바로 그 하나님을 사형시켰다는 것입니다. 하나님을 가장 잘 믿는다는 사람들이 하나님의 마음을 잃어버린 결과가 바로 그 하나님을 십자가에 못 박은 것이었습니다. 하나님의 마음을 잃어버린 최악의 결과를 적나라하게 보여주었던 것입니다.

그런데 이런 모습은 오늘날 교회 안에서도 그대로 재현될 수 있다는 무서운 사실을 우리는 반드시 두려워해야 합니다. 교회에서 하나님의 마음이 실종되어 있습니다. 복음 속에서 하나님의 마음을 쏙 빼놓은 채 가르쳐지고 있습니다. 말씀의 본질을 이야기하고 본래의 의미를 시대상황이나 원어로 분석하여 원래의 하나님의 뜻이 무엇인가를 밝히지만 그 속에서 하나님의 원래의 마음을 찾으려고 하지는 않습니다. 우리는 누구에게나 동일하게 적용되어야 하는 보편적인 하나님의 마음을 말하는 것입니다.

성경에는 하나님의 마음을 아는 사람들이 여럿 나옵니다. 특히 다윗은 하나님의 마음에 맞는 사람이라고 합니다. 다윗이 위대한 것은 그가 통일왕국의 왕이 되었다거나 소년시절에 골리앗을 죽였다거나 한 그의 인생의 업적이나 결과가 아니라 그가 하나님의 마음을 알았다는 데 있는 것입니다. 그의 인생의 결과는 단지 그가 하나님의 마음을 아는 데 대한 결과일 뿐입니다. 호세아가 하나님을 힘써 알자고 외친 것은 하나님의 마음을 알자는 뜻이었습니다. 하나님은 이스라엘 백성들에게 하나님의 마음(진심)을 알려주시기를 원하셨습니다. 그것을 위해서 호세아는 음란한 고멜과 결혼해야만 했던 것입니다.

그런데 그 하나님의 마음을 너무나도 정확하게 알고 있는 또 한 사람이 있었습니다. 그는 세례 요한이었습니다. 그에게 알려주신 하나님의 마음은 구원자에게로 가는 길을 평탄케 해야 한다는 것이었습니다. 누군가 주님께서 오실 길을 알고 그 길의 높고 낮은 부분은 메우거나 깎고 굽은 부분은 직선으로 만들어서 사람들이 메시아에게로 가는 길을 활짝 열기를 바라시는 하나님의 마음을 따라 그 일을 행하기를 원하신다는 것이었습니다. 그리고 그 일을 요한에게 맡기신 것이었습니다. 그리고 중요한 것은 혹시 그 일을 행하는 요한 자신이 주님께로 가는 일에 훼방이 되어서는 안 된다는 것이었습니다. 그래서 세례 요한은 그는 흥해야 하겠고 나는 망해야 하리라고 한 것이었습니다.

그런데 여기에서 중요한 것은 우리가 바로 그 세례 요한이라는 것입니다. 그리스도인이란 불신자들이 그리스도 예수께로 가는 길을 평탄케 만드는 사람들입니다. 그리고 그 일에 방해가 되지 않도록 자기 자신을 내려놓고 자아를 자꾸 죽여야 하는 사람들입니다. 사람들이 주님께로 향한 마음을 거두어들이거나 미루지 않도록 우리를 자꾸 뒤로 감추어야 하는 사람들입니다. 그런데 오히려 자기가 영광을 받으려고 하고 자랑하려고 애쓰고 성공하려고 힘쓰는 모습들이 자주 눈에 띄는 것이 현실입니다. 그래서 평탄하게 만든 길이어야 하는 교회가 오히려 그 길을 방해하는 기가 막힌 일이 일어나고야 말았던 것입니다.

우리는 하나님의 마음을 알아야 합니다. 그것을 가장 잘 알았고 그 역할은 충실하게 감당했고 그 길을 훼방하지 않도록 스스로 망했던 세례 요한이 바로 우리들이어야 한다는 것입니다. 세례 요한처럼 우리는 우리의 이웃들이 그리스도께로 가는 길을 평탄케 하는 일에 모든 것을 걸어야 합니다. 그 어떤 중요한 결정을 할 때에도 기준은 한 가지, 주께로 가는 길을 평탄케 하는 일인가 아닌가 하는 것이어야 하는 것입니다. 혹시 자신이 걸림돌이 될 여지가 조금이라도 있다면 즉시 그 자리에서 물러나는 것은 부차적인 기준일 것입니다. '내가 세례 요한입니다.' 이것이 한 차원 높은 신앙인 것입니다. 우리는 거기를 바라보아야 합니다. (『내가 세례 요한이다』, 2022년, 개혁과회복)

하나님의 마음

우리는 흔히 하나님의 뜻에 대해 이야기를 자주 합니다. 특별한 경우는 예외라고 하더라도 우리가 정말 우리의 일상의 모든 경우에 하나님의 뜻을 정확하게 알 수 있을까요? 가령 교회를 어디로 옮겨야 하는가에 대해서 정말 하나님께서 정확하게 주소를 가르쳐주시면서 분명한 의지를 가지고 계실까요? 그렇게 본다면 우리가 무슨 옷을 입고 어떤 음식을 먹어야 하는지 등에 대해서까지 하나님께서 확실하게 우리가 어떤 선택을 해야 할지를 알려주신다는 이야기가 됩니다. 물론 그렇게 하신다면 우리 속에 내주하시는 성령님께서 하실 것입니다.

예전에 「성령님 안녕하세요」라는 책이 히트를 친 적이 있었습니다. 저자는 아침에 넥타이를 고를 때에도 성령님께 물어보고 결정한다고 했습니다. 정말 성령님께서 우리의 일상에서 일어나는 소소한 일에 대해서까지 그 뜻을 가지고 계시겠습니까? 만약에 정말로 우리 속에 계시는 보혜사 성령님께서 그렇게 시시콜콜한 일까지 간섭하신다면 그러면 그리스도인으로서 도덕성이나 부정이나 이웃을 향한 하나님의 뜻은 왜 듣지도 못하고 눈치조차도 알아채지 못하겠습니까? 그런 것은 전부 자기

중심적으로 하나님을 오해하는 것에 불과합니다.

물론 하나님의 부르심에 대한 하나님의 뜻이 분명할 때도 있습니다. 하지만 그것도 하나님의 필요에 따라 하나님의 일에 사용하시기 위함이지 우리가 생각하는 것처럼 어떤 높은 지위나 위대한 상태에 이르게 하기 위함은 아닌 것입니다. 그래서 자기중심적으로 생각할 때에는 분명히 하나님의 뜻이었는데 나중에 생각하니 하나님의 뜻이 아니었다는 웃지 못할 경우까지 생기는 것입니다. 그런데 이런 경우는 비일비재합니다.

비슷하면서도 하나님의 뜻과는 상당한 차이가 있는 것이 바로 하나님의 마음입니다. 하나님의 뜻이 어떤 일이나 계획에 대해 겉으로 드러나는 명령이라고 한다면 하나님의 마음은 그 뜻을 지시하셔야만 하는 일의 동기나 목적이나 본질이라고 할 수 있습니다. 그렇다면 우리는 하나님과의 교제에서 무엇을 알기를 힘써야 하겠습니까? 하나님의 뜻을 알기 위해 기도하고 고민하고 애를 쓰는 일도 물론 필요하지만, 그보다 훨씬 더 중요한 것은 하나님의 마음을 알기 위해 애를 써야 한다는 것입니다. 그런데 그 하나님의 마음은 성경 속에 전부 계시해 놓으셨습니다. 성경은 하나님의 뜻을 계시하신 것이 아니라 하나님의 마음을 이스라엘 역사와 예수님과 제자들의 행적을 통해 알려주신 하나님의 음성인 것입니다.

그런데 사람들은 하나님의 마음이 아니라 하나님의 뜻, 곧 명령과 지시에만 초점을 맞춥니다. 그래서 구약 사람들은 율법을 하나님의 뜻, 또는 지시로만 받아들여 그 법을 지키려고만 했던 것입니다. 그 결과는 우리가 다 알다시피 예수님의 십자가 사건으로 귀결되고 말았습니다. 십계명을 비롯한 율법은 하나님의 마음을 집약시켜놓은 복음이었습니다. 율법 속에는 온통 하나님 사랑과 이웃사랑을 원하시는 하나님의 마음으로 가득 차 있습니다. 거기에서 사랑이라는 하나님의 마음이 쏙 빠지니까 하나님의 명령만 남게 되는 것입니다.

그런데 그렇게 말하면 무조건 사랑하고 용서하고 섬기기만 하면 되는 것으로 오해할 수도 있습니다. 구약에 보면 하나님은 적어도 하나님의 명령의 한계를 벗어나면 가차 없이 멸할 것을 명하셨습니다. 사랑의 하나님, 용서의 하나님이라면서 같은 동족을 그렇게 무참하게 죽일 것을 명하실 수가 있단 말입니까? 구약의 하나님과 신약의 하나님은 전혀 다른 하나님인가요? 물론 이방 족속들에 대해서는 진멸 전쟁을 통하여 어린 생명들뿐 아니라 심지어 가축까지 죽일 것을 명하셨지만 같은 유대민족까지 그렇게 멸하게 하신 것은 어떻게 해석해야 한단 말입니까?

우리는 여기에서 하나님의 또 다른 마음을 알아야 합니다. 진멸전쟁이든 율법을 범한 사람을 무자비하게 죽이게 하신 것이든 그것은 이스라엘의 거룩성 때문이라는 것을 알아야 합니다. 만약에 이스라엘이 하나님 앞에 거룩성을 지키지 못한다면 그것은 더 이상 이스라엘이 아닙니다. 혈통으로는 이스라엘일지 모르지만 그들은 더 이상 하나님과 관계없는 족속이 될 뿐인 것입니다. 하나님께서 그렇게 하나님으로부터 벗어난 사람들을 향하여 그들도 사랑해야 한다고 하시겠습니까? 그것은 하나님의 마음이 아닙니다. 하나님의 마음은 거룩성을 해치지 않는 것이 사랑하는 것보다 훨씬 중요하게 여기시는 것입니다.

또 하나 예를 들어 예수님의 마음을 생각해보십시오. 예수님의 마음은 무조건 복음을 외치면서 사람들을 교회로 인도하라는 것인가요? 물론 복음을 전하고 전도하는 일은 대단히 중요합니다. 하지만 그보다 훨씬 중요한 예수님의 마음은 이웃을 자기 자신과 같이 사랑하는 것입니다. 예수님의 마음은 주님을 사랑하는 것처럼 이웃을 사랑하는 것입니다. 다만 그런 것을 통하여 예수님의 모습을 재현함으로써 전도하라는 것입니다. 복음이 삶을 통하여 보이지 않으면 그 복음은 생명력을 잃어버리게 되기 때문입니다.

하나님의 마음으로 세상을 사는 사람들이 많이 있습니까? 물론 그렇게 살아가는 그리스도인들이 많아져야 하고 또 삶 속에서 그런 모습들이 드러나야 합니다. 그렇지만 염려되는 것은 하나님의 마음을 알지도 못하면서 어떻게 하나님의 마음으로 살 수 있단 말입니까? 겉으로 종교적인 모습이나 인간관계 등에서 믿음 좋은 모습으로 비쳐진다고 해도 그것이 하나님의 마음을 알고 하나님의 마음으로 살고 있는 것은 아닙니다. 누구든지 깎아내리고 싶은 마음은 추호도 없습니다. 다만 하나님의 마음을 다 잃어버리고 그것이 전부 교회 안에 묻혀버렸는데 그 모습 속에서 하나님의 마음을 알고 그 마음으로 살아가는 사람들이 많다고요? 그것은 착각일 뿐입니다. 신실한 성도들이 교회 안에 가득하다고요? 그렇다면 얼마나 좋겠습니까? 마음속에 온통 자기 자신으로 채워져 있는데 어떻게 하나님의 마음으로 살 수 있단 말입니까?

하나님의 마음을 알기 시작하면 변화가 시작됩니다. 하나님의 마음을 느끼기 시작하면 세상을 보는 시선이 달라집니다. 하나님의 마음이 내 마음에 들어오면 이웃을 볼 때 예수님의 사랑으로 섬기려는 마음이 발생합니다. 하나님의 마음을 말씀에서 발견하기 시작하고 믿음의 본질을 깨닫기 시작합니다. 그것은 형제들과 이웃을 대할 때 진짜 자기 자신을 대하는 것처럼 하게 만듭니다. 하나님의 마음을 발견하게 되면 티끌만한 것이라도 불의와 부정을 결코 저지를 수 없습니다. 타인의 부정에 쌍심지를 켜고 달려들 수 없습니다.

교회가 이렇게 타락한 것은 교회에 하나님의 마음이 사라졌기 때문인데, 그렇기 때문에 하나님의 마음을 되찾지 않으면 무슨 수를 써도 회복될 수 없습니다. 착각하지 마십시오. 교회생활 잘 하고 목회 잘 하는 분일수록 동의하기 힘들 것입니다. 그러나 이것이 지금 현재 교회의 진실입니다.

인공위성과 신앙

인공위성의 목적지는 대기권 밖 지구 궤도입니다. 인공위성을 궤도에 올려놓으려면 추진로켓을 이용하여 지구상에서 발사해야 합니다. 추진로켓 하나로 단번에 궤도에 올릴 수 있으면 좋겠지만 로켓의 무게와 연료 등으로 인하여 보통 3단계 정도의 로켓을 만듭니다. 여기에서 우리 신앙인을 인공위성이라고 가정해 보겠습니다. 궤도는 영원토록 복락을 누릴 천국을 뜻합니다. 이 궤도에 올라가야 우리는 구원을 완성하는 것입니다. 이 때 인공위성을 탑재할 추진로켓을 우리의 믿음이라고 할 수 있습니다. 로켓을 발사할 때가 우리가 처음 예수님을 믿을 때, 곧 죄 사함 받고 거듭난 상태를 말합니다.

아무리 인공위성을 잘 만들었고 추진로켓을 완벽하게 만들었다고 해도 연료가 없으면 아무 소용이 없습니다. 추진로켓을 우리의 믿음이라고 한다면, 연료를 불태우는 것은 믿음과 짝을 이루어 달려가야 할 다른 축, 곧 행위라고 할 수 있습니다. 연료가 타는 것은 바로 삶이며 행위를 뜻합니다. 믿음에는 반드시 거기에 걸맞은 행위와 삶이 따라오게 되어 있는데, 연료를 불태우지 않으면 행위가 없는 관념적인 믿음에 불과합니다. 아무리 믿음이 좋다고 해도 시인하는 믿음으로만 그친다면 날아 올라갈 수 없습니다.

연료를 성령이라고 생각할 수도 있을 것입니다. 성령 충만해야 삶에서 열매를 맺고 천국에 갈 수 있을 것이라고 생각하기 때문에 당연한 이야기입니다. 하지만 여기에서 연료는 성령님이 아닙니다. 연료가 어떤 것이든, 연료를 태울 수 있는 산소가 있어야 하는데, 이 산소가 바로 성령님입니다. 인공위성 추진로켓이 하늘로 올라가면 산소가 희박해져 연료를 태울 수 없게 됩니다. 그래서 산소를 대체할 수 있는 산화제를 함께 싣고 가는데 연료와 거의 비슷한 양의 탱크에 따로 충전하게 됩니다. 연료를 태울 때에는 연료와 산화제를 함께 태워야 끝까지 연료가스를 분출하고 추진력을 잃지 않을 수 있습니다. 이 산화제가 바로 성령님이라고 할 수 있습니다.

그러니까 인공위성(신앙인)이 궤도(천국)에까지 도달하기 위해서는 추진로켓(믿음)이 있어야 하며, 로켓이 발사(거듭남)하여 궤도에 도달하기까지는 연료(행위 또는 삶)를 태워서 연료가스를 분출해야 하는데 이때 산소가 희박한 대기권 밖(세상)에서도 꺼지지 않게 하기 위해 산화제(성령님)를 함께 태워야 한다는 것입니다. 이것이 제가 생각해 본 인공위성 비유입니다.

그런데 이 비유에서 더 중요한 것은 추진로켓을 몇 단계로 나누어서 제작한다는 것입니다. 1단계 로켓은 발사체에서 가장 밑 부분에 속하며 크기도 가장 크고 가장 무겁습니다. 1단계 로켓에 들어있는 연료와 산화제를 다 사용하게 되면 로켓 본체를 버려야 합니다. 1단계 로켓이 떨어져 나가면서 2단계 로켓에 불이 붙게 되는데, 1단계 로켓을 버리지 않으면 그 무게 때문에 힘과 속도가 점점 떨어질 수밖에 없습니다. 2단계 로켓의 크기나 연료의 양은 훨씬 줄어들게 되지만 1단계 로켓이 떨어져 나가면 그만큼 무게가 줄어들기 때문에 비슷한 추진력으로 계속 날아갈 수 있게 되는 것입니다. 이와 같은 원리로 3단계 로켓에까지 점화가 되는데, 이때는 크기가 완전히 작아지고 정교해져서 궤도에 정상적으로 올라갈 수 있는 장치가 있어야 가능해집니다. 대신 무게가 완전히 줄어들었으므로 적은 연료와 산화제로 그 기능을 끝까지 발휘할 수 있게 되는 것입니다.

여기에서 제가 하고 싶은 이야기가 있습니다. 신앙인은 버려야 산다는 것입니다. 1단계 로켓 본체를 버리지 않으면 인공위성은 대기권 밖으로도 나갈 수 없으며, 2단계와 3단계 로켓과 그 속에 들어있는 연료 및 산화제와 함께 태평양이나 대서양 바다에 떨어져 바다 깊숙이 가라앉을 수밖에 없습니다. 2단계 로켓까지 사용하고 3단계만 남았을 때에도 만약에 2단계 로켓을 버리지 못한다면 중간에 추진력을 다 잃어버리고 영원토록 우주공간을 떠돌아다닐 수밖에 없게 되는 것입니다. 인공위성은 추진로켓을 버리지 않으면 절대 궤도에까지 도달할 수 없습니다. 만약에 1단계 로켓을 떨어뜨려버리지 않으면 2단계 로켓에 점화조차 제대로 이루어지기 어렵고, 점화가 된다고 해도 추진방향을 잃어버리게 될 뿐입니다. 그러니까 버리고 새로운 추진력으로 올라가든지, 아니면 버리지 않고 중간에 떨어져버리든지 둘 중의 하나인 것입니다.

기독교 신앙은 버리는 훈련입니다. 버리지 않으면 더 나아갈 수가 없습니다. 신앙인에게는 신앙경력이 더 올라가고 직급이 올라가고 지도자가 되고 성취가 많을수록 그런 것들은 다 버려야 할 것들이라는 인식이 있어야 합니다. 그것을 안고 있으면 절대 더 올라갈 수 없고 오히려 거꾸로 떨어져 버리게 되는 것입니다. 그런데 대개 여기에서 다 걸려 넘어집니다. 자기를 부인하는 것이 다 사용한 로켓을 버리는 것이고, 자기 십자가를 지는 것이 그 다음 단계의 로켓을 달고 가는 것입니다. 이 로켓은 점점 작아지지만 그것이 부담이 된다기보다는 오히려 추진력이 되는 것입니다. 자기 십자가를 지는 것이 힘들다고 생각하기 쉽지만 오히려 그것이 힘이 되는 것을 알아야 하는 것입니다.

이 때 자기 인식이 아주 중요합니다. 우리가 보통 인공위성이나 대륙간탄도미사일 발사 장면을 볼 때 원추형으로 만들어진 규모가 아주 크고 근사한 멋진 발사체 모습은 인공위성의 모습이 아닙니다. 진짜 인공위성은 그 멋진 발사체의 맨 위에 조그맣고 보잘것없는 형태로 달려 있을 뿐입니다. 만약에 인공위성의 발사체 전체의 모양이 자기 모습이라고 착각하게 되면 아마도 다 소모된 1단계 로켓을 떨어뜨린 후의 자기 모습에 실망하게 될 것입니다. 왜냐하면 1단계 로켓이 전체의 60~70%를 넘기 때문입니다. 갑자기 절반 이상이 뚝 떨어져나갔을 때 위용을 자랑하던 그 모습은 온데간데없고 왜소해진 모습의 자기 자신을 발견하게 될 것입니다. 신앙인들이 발사체 전체를 자기 모습으로 착각하는 경우가 참 많습니다. 특히 이룬 것이 많을수록 그런 착각이나 실망이 커질 것입니다. 하지만 그것은 우리가 반드시 버려야 할 쓸모없는 것들입니다. 버리면 좋고 안 버려도 별 지장이 없는 것이 아닙니다. 반드시 버려야 합니다.

우리가 세상에서 쌓은 것들은 전부 버려야 할 것들입니다. 그것을 안고 있을수록 천국과는 거리가 멀어질 뿐입니다. 버리는 것이 구원의 여정입니다. 신앙은 바로 버리는 일입니다. 이런 기본인식이 우리 그리스도인들을 지배하면 좋겠습니다. (**『예수님과 노숙하기』, 2019, 기독교신앙회복연구소**)

전기와 성령님

현대 인류가 정상적으로 생존하기 위해서는 전기가 필수적입니다. 전기가 없으면 인간의 물질문명은 퇴보할 것이고 그 놀라운 기기들은 전혀 쓸모가 없어질 것입니다. 그리스도인에게 있어서 성령님이 바로 전기와 같습니다. 성령 충만하면 인간이 할 수 없는 일들까지 감당해내지만 성령님이 사라지면 가장 보잘 것 없는 보통 사람이 되고 맙니다.

첫째, 일반 전기는 어디에 꽂아도 똑같듯이 성령님도 어느 곳에서든지 받기만 하면 다 똑같습니다.

전기제품을 사용할 때 전기코드를 꼭 지정한 곳에만 꽂지는 않습니다. 제품을 들고 옆방에 가서 코드에 꽂아도 작동이 잘 되고 옆집에 가서 꽂아도 똑같이 작동됩니다. 외국 여행에 가서 꽂아도 작동이 아주 잘 됩니다. 전기제품은 어디든지 기본전기만 있으면 무조건 작동이 되게 되어 있습니다. 신앙인이 하나님의 일을 하려면 성령 충만을 받아야 하는데 꼭 어디 정해진 곳에서만 받을 수 있는 것은 아닙니다. 교회 철야기도회이든 자기 안방이든 관계없습니다. 심지어 달나라에 가서도 성령 충만을 받을 수 있습니다. 언어가 통하지 않는 곳에 가서도 마찬가지입니다. 어디에 가서 받든지 성령 충만을 받으면 다 똑같습니다.

둘째, 전기는 어느 나라 제품이든 똑같고 성령님은 원산지가 따로 없고 다 똑같습니다.

이 전기라는 것이 우리 인류에게 너무나도 유익한 것인데, 전기는 어느 나라에서 만들었는가는 전혀 상관이 없습니다. 한국산이든 미국산이든, 중국산이든 러시아산이든 아무 관계없습니다. 심지어 전쟁하는 교전국 전기라도 상관이 없고 북한산 전기라도 전혀 관계없습니다. 무조건 전기면 됩니다. 성령님은 태초에 아버지 하나님과 아들 예수님과 함께 천지창조를 함께 하신 분이십니다. 따라서 성령님은 원산지가 있을 수 없습니다. 미국에 가서 성령을 받았다고 미국산인 것은 아닙니다. 성령님은 언어나 사람이나 국가나 지역과는 전혀 관계없습니다. 성령님은 다 똑같은 성령님입니다.

셋째, 전기의 능력이 거의 무한대이듯이 성령님의 능력도 무궁무진합니다.

전기를 가지고 응용할 수 있는 분야는 무궁무진합니다. 세탁기, TV, 밥솥 등 가전제품과 자동차, 기차, 전철 등은 물론이고 집을 따뜻하게 만들거나 시원하게 만들기도 하고 핸드폰, 전화 등 통신기기들과 가로등이나 전구 등 밤에 불을 밝히게도 합니다. 가히 전기는 인류에게 전지전능하다고까지 할 수 있을 정도입니다. 성령님께서 하시는 일은 더 무궁무진합니다. 진리를 깨닫게 하시고 회개하게 하시고 거듭나게 하십니다. 사람을 감동시키시며 지시하시며 가르쳐 주십니다. 열정을 주셔서 복음을 전파하게 하시고 순교하게도 하십니다. 병을 고치는 능력도 주시고 예언할 수 있는 능력도 주십니다. 변화되게 하시고 성장하게 하시며 꿈이나 환상을 통해서도 역사하시고 심지어는 죽은 사람을 살리기도 하십니다. 신앙인에게는 성령님이 전부입니다.

넷째, 전기를 만드는 방식이 다양하듯이 성령님을 받을 수 있는 방식도 다양합니다.

이 전기를 만드는 방식은 다양한데 수력발전, 화력발전, 원자력발전, 풍력발전, 태양광발전 등 전기를 만들지 못하는 재료가 없을 정도로 수많은 방식들이 있습니다. 어떤 방식으로 어떻게 전기를 발생시켰든지 누구나 어디에나 어느 나라에서나 얼마든지 사용할 수 있습니다. 성령님을 받는 방법도 다양합니다. 집회나 단체예배를 통해서 받게도 되지만, 말씀을 읽다가 성령님을 받기도 하고 찬송가를 부르다가 받기도 하고 혼자서 기도하다가 받기도 하고 전도하다가 받기도 하고, 어떤 때는 심각하게 아플 때 받기도 하고 죽었다가 받기도 합니다. 어떤 사람은 현수막의 짧은 문구를 보고 받기도 하고 책을 깊이 읽다가 받기도 합니다. 어떤 루트를 통해서 성령님을 받았든지 다 똑같은 성령님입니다.

다섯째, 전기가 사람을 안 가리듯이 성령님도 사람을 가리지 않고 역사하십니다.

전기는 사람을 가리지 않습니다. 대통령이 꽂든 초등학생이 꽂든 똑같습니다. 박사가 꽂든 글을 모르는 사람이 꽂든 똑같이 작동합니다. 필요한 전기의 종류만 알아서 꽂으면 부자가 꽂든 가난한 사람이 꽂든, 남자가 꽂든 여자가 꽂든, 미국 사람이 꽂든 중국 사람이 꽂든 다 똑같이 작동합니다. 성령님도 사람을 가리지 않으십니다. 학식이 아주 높은 사람이라도 성령을 못 받을 수 있지만 무식한 사람도 얼마든지 성령 충만을 받을 수 있습니다. 남자이든 여자이든, 나이가 많든 적든, 건강하든 그렇지 못하든, 높은 사람이든 낮은 사람이든 누구나 똑같이 성령 충만을 받을 수 있습니다. 어쩌면 조건이 열악한 사람들이 성령 충만을 더 잘 받을 수 있습니다.

여섯째, 전기는 충전이 가능합니다. 마찬가지로 성령님도 충만이 가능합니다.

전기는 충전이 가능하기 때문에 오랫동안 경제적으로 사용할 수 있습니다. 충전이 없다면 제품들을 활용하는 데 문제가 있고 생활화하는 데 어려움이 있을 수 있습니다. 충전이 가능하기 때문에 언제 어느 곳에서나 전기 작동을 할 수 있는 것입니다. 성령님은 특히 사람을 충만하게 해 주시기를 원하시는 분이라서 충만해지려고만 하면 충만을 받을 수 있습니다. 성령 충만한 것과 그냥 성령님의 역사에는 큰 차이가 있어서 충만할 때 큰 역사를 이룰 수 있습니다. 성령님은 따로 가방 같은 곳에 가지고 다닐 필요도 없이 언제 어디에서나 일하실 수 있습니다.

일곱째, 차이점이라면 전기는 사거나 팔 수 있지만 성령님의 능력에 대해 돈을 주고받으면 안 됩니다.

이 전기는 보이지는 않지만 사거나 팔 수도 있고 다른 나라에 수출하거나 다른 나라에서 수입할 수도 있습니다. 참 신비합니다. 나라에서 나라로 전기를 팔거나 배터리를 만들어 사거나 팔 수도 있습니다. 성령님은 팔거나 살 수는 없습니다. 하지만 성경대로 말하면, 안수를 통해서 성령님을 받기도 하고 다른 사람의 기도를 통하여 받을 수도 있습니다. 하지만 성령님을 힘입어 하나님의 일을 하면서 물질이 오고가는 것은 결코 좋은 일은 아닙니다. 물론 은혜와 감사로 서로 그렇게 할 수는 있을 것입니다.

전기가 영향을 끼치지 않는 곳이 없듯이 신앙인에게 있어서 성령님은 필수불가결의 조건입니다. 신앙인이 숨을 쉬고 살아가는 동안에 그 모든 과정에 성령님의 역사가 있어야 신앙인의 삶을 살 수 있습니다. 만약에 성령님을 받지 못했다면 그 사람은 신앙인이 아닙니다. 마치 전기제품을 전기코드와 연결하지 못하면 그냥 철이나 플라스틱 덩어리인 것과 같습니다. 성령님을 받지 못했거나 성령님을 받았더라도 충만하지 못하다면 신앙인으로서의 역할을 감당할 수 없습니다. 그런데 전기를 연결하지 않았는데도 자동차 시동이 걸리고 건물에 전등이 켜지고 에어컨이 켜지며 컴퓨터가 작동되는 일이 일어난다면 뭐라고 하시겠습니까? 전기가 없는데 어떻게 전기로 움직이는 제품들이 작동되겠습니까?

그런데 이런 신기한 일이 진짜로 일어나고 있습니다. 성령님이 안 계시는데도 성경강의가 일어납니다. 그리고 성령님이 안 계시는데도 아멘을 외칩니다. 성령님을 의지하지 않으면서도 사람들이 모여서 감동을 받습니다. 성령님이 일하지 않으시는데도 큰 교회가 건축되고 사람들은 그리로 몰려 들어갑니다. 성령님의 역사가 아닌데도 교회가 잘 되는 그런 일들 때문에 사람들은 성령님이 필요 없는 축복, 성공, 번영, 합격, 인기 같은 일들을 추구하고 있는 것입니다. 그런 일들은 굳이 성령님이 안 계셔도 다 잘 될 수 있습니다. 왜냐하면 성령님이 필요 없는 사람들이 성령님이 없이 성공하기도 하는 그런 일들이니까요. 우리 그리스인들은 항상 성령 충만을 구해야 하는 사람들입니다. 왜냐하면 그렇지 못하면 전기 없는 기계 같아서 아무 일도 못하기 때문입니다.

> "내 말과 내 전도함이 설득력 있는 지혜의 말로 하지 아니하고 다만 성령의 나타나심과 능력으로 하여 너희 믿음이 사람의 지혜에 있지 아니하고 다만 하나님의 능력에 있게 하려 하였노라"(고전 2:4~5)

복음의 미끼와 밑밥

예수님은 사람을 낚으시려고(살리시려고) 이 땅에 오셨습니다. 베드로를 비롯한 제자들을 부르신 목적도 사람을 낚는 일에 쓰시기 위함이었습니다. 그래서 예수님의 열두 제자와 그 제자들의 제자들, 또 그 제자들의 제자들이 온 세상에 흩어지면서 이 세상에는 물고기를 낚을 수 있게 된 수많은 사람들(그리스도인들)로 채워지게 된 것입니다. 지금 우리도 영적인 의미에서 사람을 낚는 사람들입니다. 그리고 동시에 예수님의 복음에 더 확실하게 낚여야 하는 사람들입니다.

낚시에 성공하려면 미끼를 맞게 써야 합니다. 미끼란 보통 나쁜 의미로 사용되지만 여기에서는 복음, 말씀, 진리 정도의 좋은 뜻으로 사용하려고 합니다. 왜냐하면 말씀, 진리를 콱 물어야 낚시에 걸리게 되기 때문입니다. 그러므로 낚시에 걸린다는 의미는 변화, 개혁, 회복, 생명 등을 뜻한다고 할 수 있습니다. 그래서 완전한 회심, 행함으로 증명되는 믿음을 사람 낚는 어부에게 잡힌 물고기로 표현하고자 하는 것입니다. 우리는 지금 물고기들입니다.

그러면 물고기의 눈에 낚싯바늘에 달린 미끼는 어떤 모습으로 비쳐

질까요? 아마 틀림없이 단순한 먹잇감으로 보일 것입니다. 미끼 속에 감추어진 바늘, 그것도 끝이 날카롭게 꼬부라져서 한 번 물면 헤어날 수 없는 바늘이 감추어진 것을 모릅니다. 또한 그 미끼가 잘 보이지 않는 가느다랗고 투명한 낚싯줄로 길게 이어져 있는 것을 모릅니다. 그리고 물 위에는 물고기가 미끼를 물었는지 알아챌 수 있는 찌가 달려 있는 것도 모릅니다.

찌에는 어부가 잘 분별할 수 있는 빨강, 파랑, 초록 등의 무늬가 있고, 심지어는 밤에도 잘 보일 수 있도록 야광으로까지 되어 있으며, 그 야광을 잘 볼 수 있도록 전지까지 비추이게 되어 있지만, 물고기는 그것이 전부 연결되어 있다는 사실을 꿈에도 알아챌 수 없습니다. 더구나 그 찌 위로도 낚싯줄이 길게 연결되어 낚싯대에 매달려있다는 사실을 전혀 알 수 없습니다. 그리고 그 낚싯대를 붙잡고 물고기를 잡으려고 모든 초점을 거기에 맞추고 시퍼렇게 눈을 뜨고 있는 어부가 앉아 있으리라고는 상상도 하지 못할 것입니다.

알다시피 미끼, 낚싯바늘, 낚싯줄, 찌, 낚싯대, 어부가 전부 연결되어 있습니다. 전혀 상관없어 보이는 이런 것들이 다 한 가지 목적으로 만들어져 있습니다. 물고기도 다 보고는 있습니다. 잘 보이지는 않아도 투명하고 가느다란 줄이 햇빛에 반짝이는 것을 보고 있습니다. 물 밖으로 예쁘게 하늘거리면서 찌가 흔들거리고 있는 것도 다 봅니다. 그리고 가느다란 막대기가 길게 뻗어 물살에 흔들거려 보이는 것도 알고 있습니다. 그리고 거기에다가 물가에서는 사람이 미동도 하지 않고 낚시 의자에 앉아있는 모습도 다 보고 있습니다. 그렇지만 물고기는 그것들이 전부 하나라는 생각은 할 수가 없습니다.

어부는 눈으로는 볼 수 없지만 물속에서의 물고기의 흐름을 잘 알고 있는 사람입니다. 그는 물고기들이 많이 다니는 길목, 시간, 수온, 먹이의 특징 등을 잘 파악하고 거기에 맞는 미끼를 씁니다. 하지만 어부는 단순히 낚싯바늘에 미끼를 달아 던지는 데에서 그치지 않습니다. 자기가 잡고 싶은 물고기들을 모여들게 하기 위해 밑밥을 뿌리기도 합니다. 이 밑밥을 영적인 측면에서 생각해 보십시다. 축복이 대표적인 밑밥입니다. 성공도 좋은 밑밥일 수 있습니다. 물질, 명예, 인기도 아주 좋은 밑밥들입니다. 세상에서 높아지고 많은 것을 소유하고 행하는 일들이 다 잘 되는 것은 복음이라는 진리를 위해서 준비한 밑밥들입니다.

그런데 이런 밑밥들을 많이 먹으면 어떤 현상이 일어나겠습니까? 밑밥에 취하게 됩니다. 배부르게 됩니다. 미끼의 필요성을 전혀 못 느끼게 됩니다. 복음이 필요 없는 상태가 되는 것입니다. 미끼가 아무리 좋아 보여도 입질조차도 할 필요가 없어집니다. 지금 한국 기독교가 바로 이런 상태가 아니겠습니까? 잘 살지 말라거나 성공하지 말라거나 복을 얻지 말라는 것이 아닙니다. 거기에 취해서 그것이 목적인 줄 착각해서는 안

된다는 것입니다.

이런 가운데 신실한 신앙인들조차도 밑밥에 오염되다 보니까 미끼까지 다가가서조차도 그냥 툭툭 건드려만 보는 입질수준에 머물러 있게 되었다는 사실이 안타까운 것입니다. 설교도 그렇고 경건서적들도 그렇고 제자훈련도 그런 것이 많습니다. 대부분이 입질하는 수준에서 머물러 있는 것입니다. 어부는 입질의 상태를 보면서 미끼를 제대로 물었다 싶을 때 낚싯대를 끌어올리게 되는데, 입질을 수백 번 해도 실제로 미끼를 물지 않으면 낚여서 올라갈 수가 없는 것입니다.

복음의 밑밥은 필요합니다. 하나님의 돌보심을 체험해야 신앙이 자라기 시작합니다. 기도응답도 받아보아야 확신이 생깁니다. 모든 일이 순조롭게 잘 되는 경험도 필요합니다. 그리스도인이 하나님의 능력으로 성공하는 사람도 나와야 합니다. 하지만 그런 것들은 전부 밑밥에 해당되는 것입니다. 미끼를 문다는 것은 교회 안에서뿐만 아니라 교회 밖 세상 속에서도 살아지는 진리, 말씀, 복음이 되는 것입니다. 아무리 성공하고 기적을 행하고 큰 부를 쌓더라도 그것이 미끼를 무는 가이드 역할을 할 뿐이라는 사실을 알아야 참 복음의 사람이 되는 것입니다. 밑밥으로만 배불러지면 그것으로 만족하게 됩니다. 그것이 잘한 일이라는 판단을 하게 되고 자신에게 스스로 만족하게 되는 것입니다. 하지만 그런 만족은 헛 만족이고 그런 행복은 헛 행복입니다.

미끼를 물기까지는 자기 의지로 해야 하지만 미끼를 물게 되면 어부가 다 알아서 하게 됩니다. 자기 의지가 아니라 어부의 뜻대로 움직이게 되는 것입니다. 우리가 할 일은 바로 그것입니다. 그리스도인이란 하나님의 능력에 의해서 움직이는 사람들이 아닙니까? 말씀을 확실하게 붙잡고 세상 속에서 실천하는 것이 미끼를 제대로 무는 것입니다. 이제는 실천적, 순종적으로 전적으로 하나님만을 의지하고 말씀을 전적으로 받아들이는 그리스도인들이 되어야 합니다. 생명이신 주의 말씀을 생명처럼 물고 늘어지는 신앙인들이 다 될 수 있기를 소원합니다.

믿음과 행함

믿음과 행함에 대하여 구분하는 글들을 많이 봅니다. 믿음으로만 구원받을 수 있습니다. 아닙니다. 행함이 없는 믿음은 죽은 믿음이므로 행함이 없으면 구원이 없습니다. 그래서 믿음과 행함에 대한 입장 때문에 가톨릭에서부터 기독교 보수교단까지 신학적 입장들이 스펙트럼처럼 다양하게 펼쳐지고 있습니다. 가톨릭은 행함의 공로가 있어야 구원받을 수 있다고 주장합니다. 장로교 보수교단은 오직 믿음이지 개인의 공로로는 전혀 구원받을 수 없다고 말합니다. 다른 신학들은 이 두 가지 입장 사이에서 다양하게 펼쳐지고 있습니다.

하지만 믿음과 행함이 왜 별개여야 할까요? 행함 없는 믿음이 성립될 수 없고 믿음 없는 행함이 존재할 수 없습니다. 믿음이든 행함이든 그것이 따로 존재한다면 그것은 알맹이 없는 껍데기일 뿐입니다. 믿음은 곧 행함입니다. 아니, 믿음은 곧 행함이어야 합니다. 올바른 믿음이라면 반드시 행함이 뒤따르게 되어 있고, 올바른 행함이라면 거기에는 이미 믿음이 굳건하게 자리 잡고 있는 것입니다.

그러면 왜 믿음과 행함이 따로 언급되어야 할까요? 성경에 "오직 의인은 믿음으로 말미암아 살리라"(롬 1:17) 했을 때 여기에서 '믿음'이란 어떤 믿음을 의미하겠습니까? 임종을 앞두고 "예수님을 주님으로 받아들이세요."라는 말에 고개를 끄덕이면 그 사람은 정말 곧바로 천국에 가는 것일까요? 그렇다고 말하는 근거를 예수님께서 십자가에 달리실 때의 강도의 구원에서 찾습니다.

하지만 왜 어떤 믿음인가에 대해서는 이야기를 하지 않는 것일까요? 믿음에는 산 믿음 죽은 믿음, 큰 믿음 작은 믿음, 강한 믿음 약한 믿음 등 여러 가지가 있습니다. 중요한 것은 그냥 '믿음'이라고 했을 때 그것이 무엇을 의미하는가 하는 것입니다. 어떤 사람에게는 생명을 뜻합니다. 그런 사람들에게는 믿음이란 순교나 희생이나 용서나 헌신을 뜻합니다. 그러나 또 다른 사람에게는 믿음이란 기도응답을 뜻합니다. 그런 사람에게는 기도응답이 없으면 믿음이 없는 것이고 기도가 부족하기 때문입니다. 또 다른 사람에게는 믿음이란 성취, 성공일 수 있습니다. 믿음이란 성공을 위해 존재하는 것입니다.

수많은 개념의 '믿음'이 있을 수 있지만 그 중에서 구원과 직결되는 믿음은 예수님을 생명으로 여기는 믿음일 것입니다. 예수 그리스도를 생명으로 받아들이는 믿음, 이 믿음이 올바른 믿음이고, 이 믿음이 구원받는 믿음이고, 이 믿음이 행함으로 그대로 드러나는 믿음입니다. 초대교회 시대에는 믿음이란 곧 예수 그리스도를 생명으로 받아들이는 믿음이었습니다. 믿음이라는 것을 가질 때 이미 생명까지도 희생할 각오가 되어 있는 것입니다. 그들은 아주 자연스럽게 믿음이란 곧 희생이며, 순교이며, 용서라는 것을 습득합니다. 그래서 내가 예수를 믿는다고 할 때 이미 생명으로 고백을 드리는 것이 됩니다.

하지만 오늘날에는 이런 믿음이 거의 사라졌습니다. 기복적이고 세속적이고 물량적이며 성공에 초점을 둔 믿음으로 바뀌었습니다. 이기주의적이며 개인주의적인 믿음으로 변경되었습니다. 성공하는 것이 하나님의 뜻으로 변하였고 세상에서의 고난과 실패는 믿음 없는 결과로 치부되는 모습이 되었습니다. 이것은 복음이 변질된 것을 뜻하는 것입니다. 다시 말하지만 믿음에는 반드시 행함이 뒤따릅니다. 이것은 믿음과 행함을 별개로 보고 믿음과 행함을 연결 짓는 것과는 전혀 다른 개념입니다. 믿음은 행위를 반드시 동반하는 것입니다. 흔히 말하듯이 동전의 양면과 같은 것입니다. 서로는 반드시 따라가게 되어 있고 서로는 반드시 서로를 필요로 하게 되어 있습니다.

물론 믿음이 있으면서도 행함이 따라오지 못하는 경우도 있습니다. 아직 신앙이 성숙되지 못했기 때문입니다. 아직 훈련이 필요하기 때문입니다. 아직 그리스도의 군사로서 자라야 하기 때문입니다. 그러나 이런 경우라도 언제인가는 그의 믿음이 드러나게 되어 있습니다. 마치 겨울에 나뭇잎이 다 떨어지면 죽은 나무인지 산 나무인지 구분하기 힘들지만 봄

이 오면 죽은 나무는 그대로 있고 산 나무에는 푸른 싹이 돋아나는 것과 같은 것입니다. 올바른 믿음도 이와 같습니다. 비록 지금은 행위가 드러나지 않고 있지만 그는 산 믿음을 가지고 있는 것입니다. 아무튼 참된 믿음은 행함으로 드러나고 참된 행함은 믿음이 전제되는 것입니다.

그러면 왜 행함 없는 믿음이라는 결과가 나타났을까요? 일부에서 이런 현상이 일어난다면 그것은 고쳐져야 하고 성숙해지면 되는 것입니다. 그러나 지금은 행함 없는 죽은 믿음이 전체 기독교에 걸쳐서 나타나는 일반적인 현상입니다. 그래서 이런 현상을 분별하고 다시 살아있는 믿음으로 회복해야 합니다. 그래서 교회개혁이 필요하고 신앙개혁이 필요한 것입니다. 관념적인 신앙에서 실체적인 신앙으로 개혁해야 하는 것입니다.

구원의 복음과 삶의 복음

복음은 "예수님이 우리 죄를 위해 죽으셨다"는 것에서 그쳐서는 안 됩니다. 참된 복음은 "예수님께서 우리 죄를 위해 죽으셨으니 우리도 예수님처럼 살자"는 것입니다. 예수님의 죽으심과 부활만 강조하고 예수님처럼 살라는 것이 사라진 것이 오늘날의 형편입니다. 예수님처럼 산다는 것은 무엇입니까? 그것이 바로 이웃사랑입니다. 이것을 구원의 복음과 삶의 복음이라고 이야기할 수 있습니다.

모두가 예수 믿고 구원받으라는 말만을 되풀이합니다. 마치 구원파와 똑같습니다. 구원파라고 해서 구원만 날마다 이야기하는 것은 아닐 것입니다. 하지만 주로 이야기하는 것이 구원의 복음만 이야기한다면 구원파와 무엇이 다르겠습니까? 삶의 복음을 이야기하지 않고 설교하지 않고 가르치지 않는다면 그 구원은 어쩌면 반쪽짜리 구원에 그치는 것일지도 모릅니다. 반쪽짜리 구원은 우리를 구원하지 못할 수도 있습니다. 왜냐하면 구원의 복음은 삶의 복음으로 증명되는 것이기 때문입니다.

관념과 지식만 남아있는 시대, 그것이 복음을 망치고 있습니다. 교회를 훼손하고 있습니다. 교회의 생명력은 예수님의 부활입니다. 부활하지 않으셨다면 복음이 아니기 때문입니다. 부활의 예수님이 우리에게 이웃을 위해 죽으라고 요구하십니다. 죽어야 부활한다고 하십니다. 이웃을 위해 죽으라는 말은 문자 그대로가 아니라 신앙의식과 이웃을 향한 태도를 말하는 것입니다.

오늘날 복음은 지나치게 수동적, 소극적으로 변했습니다. 움직이려고 하지 않습니다. 교회 안에서만 열심을 내려고 합니다. 예수님은 유대인만을 위해 죽으신 것이 아닙니다. 모든 인류를 위해 죽으셨습니다. 누구든지 예수님을 믿기만 하면 구원을 주시기 위해 죽으셨습니다. 그것이 복음입니다. 그러므로 복음에는 삶이 따라야 합니다. 그것이 충분한 복음입니다.

기독교 초기에는 믿음은 곧 삶이었습니다. 그것이 원래의 복음입니다. 복음의 실천성이 결여된다면 결코 온전한 복음이 될 수 없습니다. 생명력이 없는 복음이 복음일 수 있습니까? 실천성과 삶의 방식이 바로 생명력입니다. 생명력을 보여주지 못하고 전도하면 반쪽짜리 전도가 될 수밖에 없습니다. 반쪽짜리 예수님을 믿으면 구원이 가능할까요? 처음에는 온전해보여도 반쪽짜리 복음 때문에 중간에 믿음을 포기하는 것은 아닐까요?

물론 교회 안의 형제사랑이 먼저입니다. 형제사랑을 통하여 사람을 사랑하는 방법을 배우지 못한다면 이웃사랑도 고작 자기공로밖에는 안 되기 때문입니다. 그리고 교회의 모든 예전도 전통도 다 필요합니다. 본래의 의미를 알고 행한다면 조금도 버릴 것이 없습니다. 다만 우리는 거기에서 더 나아가야 합니다. 세상 속에서의 복음적 삶을 가르쳐야 합니다. 세상 속에서, 이웃 가운데에서 복음으로 사는 것을 배워야 합니다.

교회가, 그리스도인들이 세상 속에서 복음적인 삶의 방식을 고수하고 있었다면 어떤 상황에서도 크게 달라지지 않았을 것입니다. 삶의 방식이 결여된 복음으로는 세상을 이길 수 없습니다. 교회 안에서의 그리스도인으로 머문다면 미래는 없습니다. 우리는 이웃에게 깊은 관심을 가져야 합니다. 옆집, 뒷집 사람들에게 눈길을 주어야 합니다. 가난한 사람, 어려운 사람이 아닙니다. 그들에 대한 관심은 당연한 것이고 그 외의 우리의 모든 이웃들에게 관심을 가져야 합니다. 예수님께서 그들을 위해서도 죽으셨기 때문입니다.

지금도 늦지 않았습니다. 팬데믹 시대? 실천의 복음이라면 하나님은 반드시 지혜와 힘과 능력을 주십니다. '작은교회살리기연합'(대표 이창호 목사)이라는 단체에서는 오히려 교회들이 힘을 합쳐서 마을의 방역 소독을 앞장서서 행하고 있습니다. 그것이 살아있는 복음입니다. 복음이 살아있어야 합니다. 그것이 하나님의 통치가 이루어지는 나라를 이 땅에 세우는 비결입니다. 그리고 그것이 구원의 복음과 삶의 복음이 어우러지는 충분한 복음이 되는 것입니다.

정 반대로 가야 합니다

공로와 자랑은 복음 안에서는 독약과 같다는 사실을 반드시 기억하고 있어야 합니다. 왜나하면 그 독약은 마취와 환각성분이 있어서 스스로 잘 깨닫기 어렵기 때문입니다. 다른 종교는 공로와 자랑을 지향해야 천국에 간다고 믿고 있지만 복음 속에서는 무슨 일을 하든지 공로와 자랑을 앞세우게 되면 그것은 천국이 아니라 지옥으로 향하게 되는 것입니다.

예를 들어 가톨릭 국가인 필리핀에서는 매년 부활절 때마다 많은 사람들이 무거운 나무로 만든 십자가를 힘들게 지고 정해진 언덕으로 모여드는데 그 중 일부 사람들은 양손에 실제로 대못이 박힌 채 피를 흘리면서 십자가에 매달리기도 합니다. 이 사람들은 대개 매년 그렇게 못에 박힌다고 합니다. 일설에 의하면 돈을 많이 받는다고도 합니다. 아무튼 그렇게 하는 목적은 그것이 공적이 되기 때문인 것입니다. 가톨릭에서는 심지어 기도문을 암송하는 것도 공적에 포함되어 구원의 도구가 된다고 믿고 있습니다. 가톨릭은 철저하게 행위구원을 믿고 있습니다.

하지만 기독교에서는 그 어떤 행위도 공적이 되면 오히려 구원에서 멀어질 수 있습니다. 그렇게 되면 그것은 종교에 묻혀버리게 되는 것입니다. 복음이 종교 안에서 굳어버리면 그것은 행위구원을 믿는 것이 되어 도리어 구원을 불가능하게 만들어버립니다. 바리새인들이 바로 이와 같이 되어 예수님을 십자가에 못 박고 스스로 지옥으로 떨어지게 되었던 것입니다.

저도 45kg짜리 십자가를 메고 동네를 2~3km씩 몇 번 돌아다녔지만 그것은 결코 공로를 위해서가 아니라 예수님의 마음과 말씀의 참된 의미를 더욱더욱 깊이 느끼고 깨닫고자 했던 것입니다. 제가 행했던 모든 체험들은 결코 무슨 공적으로 생각해서 그랬던 것은 절대 아닙니다. 만약에 우리가 그 어떤 큰 공로를 세웠더라도 스스로가 그것을 공로로 생각하게 된다면 차라리 아무것도 하지 않는 것이 훨씬 좋습니다. 왜냐하면 그런 공로가 없으면 교만해지거나 하나님의 영광을 가로채는 일은 없을 것이기 때문입니다.

그런데 오늘날 교회 안에서 이 공로주의와 종교주의가 판을 치고 있습니다. 자신도 모르게 이 공로주의에 빠져있지는 않은지 철저하게 되돌아보아야 합니다. 무엇을 이루는 것 자체에 초점을 두면 그것은 거의 틀림없이 공로주의로 빠지기 쉽습니다. 큰 조직을 만들고 수많은 사람들을 모으고 유명하게 되고 많은 공적을 쌓을 수는 있지만 만약에 그것이 목적이 되고 우상처럼 되어버린다면 그는 교만과 자랑과 자기 영광으로 인하여 하나님과는 돌이킬 수 없는 관계가 되어버릴지 모르게 되는 것입니다.

우리 그리스도인들은 모든 것을 주를 위해 행하는 사람들입니다. 만약에 우리가 하나님과 이웃의 마음을 생각하지 않고 하나님을 위해 일하고 사람들을 섬긴다면 그것은 오히려 높고 두꺼운 담을 쌓아나가게 된다는 사실을 깊이 인식하고 있어야 할 것입니다. 타종교나 인본적으로는 공로를 쌓음으로써 구원을 받게 된다고 믿지만 복음은 공로가 오히려 지옥과 더 가깝다고 가르칩니다. 그래서 복음은 세상과 종교와는 정 반대의 길로 가야 하는 것입니다. 이 사실을 알지 못하거나 알고 있더라도 그 길을 향하여 가고 있지 못하다면 아직 참된 복음을 만나지 못한 사람입니다.

영안을 열어주지 않으시는 이유

예수님처럼 사람들의 마음속을 볼 수 있다면 좋겠지만 그런 능력을 주지 않으시는 이유는 다음과 같습니다.

1. 사람을 차별 없이 사랑하라는 것입니다.
2. 누가 구원받은 사람인지 모르기 때문에 전도에 최선을 다하라는 것입니다.
3. 다른 사람의 영성에 신경 쓰지 말고 하나님 앞에 서 있는 것처럼 살라는 것입니다.
4. 세례 요한처럼 예수님의 길을 평탄케 하라는 것입니다.
5. 사람을 지배하고 싶은 욕심에서 자유하라는 것입니다.

신실한 그리스도인일지라도 미워하고 박해하고 훼방하는 사람들을 허락하시는 이유는 다음과 같습니다.

1. 스스로의 영적 상태를 돌아보라는 것입니다.
2. 그 사람을 위해서 기도하라는 것입니다.
3. 그 기도를 통하여 하나님의 일하심을 체험하라는 것입니다.
4. 그 사람을 감당함으로써 믿음이 성장하라는 것입니다.
5. 그것은 곧 자신을 향한 하나님의 마음임을 깨달으라는 것입니다.

작은 교회 목회자들에게 교회 부흥을 허락하지 않으시는 이유는 다음과 같습니다.

1. 하나님과 더욱 친밀해지라는 것입니다.
2. 한 사람의 성도를 마치 잃어버린 한 마리 양을 돌보듯이 귀중하게 돌보라는 것입니다.
3. 부흥에 목표를 두지 말고 먼저 하나님과의 연합을 목표로 하라는 뜻입니다.
4. 먼저 자신의 변화에 초점을 두라는 뜻입니다. 변화되는 만큼 하나님의 역사가 일어날 것입니다.
5. 이 땅에서의 부흥보다는 저 하늘의 상급에 더 목표를 두라는 뜻입니다.
6. 부흥되면 교만해져서 오히려 하나님으로부터 멀어질 것을 염려하심입니다.

예수님도 섬기는 목회, 가르치는 목회를 주로 하셨지만 예수님의 모든 초점은 제자들의 변화였습니다. 섬김도 하나님께 초점을 맞추셨고 가르침도 하나님께 맞추심으로써 성령강림 후에 근본적으로 변화될 수 있도록 예비하셨습니다. 그렇게 하심으로써 제자들은 완전히 변화되었고 예수님으로부터 섬김을 받고서도 싸늘하게 외면했던 사람들도 성도로 변화되었습니다. 그래서 변화된 제자들, 변화된 성도들이 세상을 변화시키고 정복하였던 것입니다.

오늘날 성도를 변화시키는 목회가 곧 교회개혁이 될 수 있습니다. 예수님은 목회자들로 하여금 성도를 근본적으로 변화시킬 것을 명령하고 계십니다. 목회자가 변화되는 만큼 성도가 변화되는 것입니다. 목회자 자신을 이용하여 성도를 본질적으로 변화시키는 목회라면 단 한 사람만을 놓고 목회를 해도 그는 천국에서 가장 큰 목회자가 되는 것입니다.

충분한 복음으로 충만해지는 길
오직 변화를 위하여

2부 참된 목회를 위하여

섬기는 목회, 가르치는 목회, 변화시키는 목회

목회에는 세 가지가 있습니다. 섬기는 목회는 성도들을 위해 헌신하는 목회로서 어떻게 하든지 성도들이 잘 되고 문제를 해결하고 복을 받고 성공하도록 애를 씁니다. 이것은 목회의 기본입니다. 가르치는 목회는 성도들에게 말씀훈련과 기도훈련 등 제자훈련을 중심으로 하는 목회입니다. 조금 더 진전된 목회는 이렇게 해야 합니다. 마지막으로 변화시키는 목회는 모든 일을 행하되 성도들의 변화와 성장에 모든 초점을 맞추는 목회입니다. 열심히 목회했던 많은 목회자들이 목회경험이 쌓이면서 성도를 변화시키지 못한 데 대해 몹시 아쉬워합니다.

우리들 주변에도 섬기는 목회에 치중하는 목회자들이 많이 있습니다. 성도의 상황에 따라 이리 울고 저리 웃고 하면서 성도를 위해 헌신하지만 성도들은 좀처럼 변화되지 못합니다. 가슴 아픈 일들만 남게 됩니다. 가르치는 목회는 상당히 조직적이고 단계를 따라 과정이 마련되어 있고 성도들은 이런저런 훈련을 통하여 교회를 섬기게 됩니다. 섬기는 목회이면서 가르치는 목회가 될 수도 있고 그렇지 못할 수도 있습니다. 하지만 한계도 뚜렷하며, 대부분 교회 안에서만 머무르게 됩니다. 변화시키는 목회는 섬김이든 가르침이든 훈련이든 성도를 변화시키는 데에 목표를 두는데 그 변화는 세상을 이기면서 그리스도의 삶의 모습을 보여주는 성도로 변화되게 만듭니다. 복음은 삶의 모습을 통하여 세상을 변화시키는 것이기 때문입니다.

뚜렷하게 어떤 유형이라고 지칭할 수 있는 것은 아니지만, 섬기는 목회는 성도를 성도 스스로에게 충성하는 사람으로 만들기 쉽고, 가르치는 목회는 교회(목사)에 충성하는 사람으로 만들기 쉽지만, 변화시키는 목회는 성도를 주님께 충성하도록 만들게 됩니다. 조금 더 부정적으로 본다면 섬기는 목회는 성도를 이용하는 목회가 되기 쉽고, 가르치는 목회는 자칫 주님을 이용하는 목회가 되기 쉽지만, 변화시키는 목회는 목회자 자신을 이용하여 주님의 제자로 만들어나갈 수 있습니다.

물론 섬기는 목회이든 가르치는 목회이든 변화시키는 목회이든 상황과 시대에 따라 다양하기 때문에 단정적으로 말하기는 어렵지만, 섬기는 목회나 가르치는 목회는 목회자와 성도가 서로 상부상조하는 경우가 많습니다. 왜냐하면 그렇게 자기중심적인 성도를 만들건 교회(목사) 중심적인 성도를 만들건 그것이 성도에게 복이 되고 목회자는 성공이 될 수 있기 때문입니다. 거의 대다수의 목회자들이 이 섬기는 목회와 가르치는 목회를 통하여 교회를 성장시키기를 원하지만, 사실은 주님과는 별로 관계없는 경우가 많습니다.

저도 목회를 하면서 처음에 무조건 섬기고 전도하고 가르쳐서 교회를 부흥시키는 데에만 전력을 기울였습니다. 하지만 그것은 주님의 마음과는 거의 상관없는 일이었고, 어떤 면에서는 나의 목회 성공을 위해 몸부림친 것에 불과할 수도 있었다는 것을 나중에야 깨달았습니다. 물론 성도의 변화에 초점을 맞추기는 했습니다. 하지만 목회자 자신의 시야가 열리지 않고 예수님의 마음을 느끼지 못하고 변화되지 못한 채 성도들을 변화시킬 수는 없었습니다.

예수님도 섬기는 목회, 가르치는 목회를 주로 하셨지만 예수님의 모든 초점은 제자들의 변화였습니다. 섬김도 하나님께 초점을 맞추셨고 가르침도 하나님께 맞추심으로써 성령강림 후에 근본적으로 변화될 수 있도록 예비하셨습니다. 그렇게 하심으로써 제자들은 완전히 변화되었고 예수님으로부터 섬김을 받고서도 싸늘하게 외면했던 사람들도 성도로 변화되었습니다. 그래서 변화된 제자들, 변화된 성도들이 세상을 변화시키고 정복하였던 것입니다.

오늘날 성도를 변화시키는 목회가 곧 교회개혁이 될 수 있습니다. 예수님은 목회자들로 하여금 성도를 근본적으로 변화시킬 것을 명령하고 계십니다. 목회자가 변화되는 만큼 성도가 변화되는 것입니다. 목회자 자신을 이용하여 성도를 본질적으로 변화시키는 목회라면 단 한 사람만을 놓고 목회를 해도 그는 천국에서 가장 큰 목회자가 되는 것입니다.

문제는 생명력입니다

지금 기독교의 가장 큰 문제는 무엇이고 그 문제를 해결할 수 있는 방법은 무엇일까요? 많은 분들이 기독교개혁에 대해 관심을 가지고 있고 나름대로 방안을 제시하고 있습니다. 대부분 지당하신 말씀이라고 생각하고 일리 있는 대안이라고 생각합니다. 신학적으로나 성경적으로나 목회적으로 탁월한 안목들이라고도 생각합니다. 이것을 부인하거나 거부하거나 무시하는 것은 절대 아닙니다. 하지만 한 가지가 빠져 있는데 이것을 문제로 생각하지 않는 것 같아 안타깝습니다. 그것은 바로 복음의 생명력입니다. 우리는 복음의 생명력 때문에 여기까지 왔습니다. 기독교 2,000년의 역사는 바로 복음의 생명력의 역사입니다. 현대 기독교에는 생명력이 빠져 있습니다. 생명력이 빠지면 기독교는 껍데기가 될 수밖에 없고 세상을 구원하기 힘들며 자신도 구원하기 힘듭니다. 우리는 복음의 초점을 이 생명력에 두어야 합니다.

복음을 식물에 비유한다면 먼저 씨앗을 생각할 수 있습니다. 씨앗은 생명입니다. 그리스도인은 누구나 이 생명을 품고 있는 사람들입니다. 하지만 생명인 씨앗을 품고만 있어서는 절대 안 됩니다. 복음의 씨앗은 생명을 가지고 있기 때문에 반드시 싹을 틔워야 합니다. 우리가 말씀을 받고 시인한다는 것은 우리 심령에 씨앗이 심겨진 것입니다. 그러나 아멘 하고 시인한다고 해서 씨앗이 바로 싹을 틔우는 것은 아닙니다. 말씀을 받으면 씨앗이 심겨진 것이지만 그 씨앗이 싹을 내기 위해서는 조건이 필요합니다. 이 조건은 신앙체험입니다.

이것은 마치 갓난아기가 백지상태에서 생명을 시작하는 것과 유사합니다. 아기에게 자기 엄마와의 관계가 형성되기 위해서는 엄마 체험이 지속되어야 합니다. 아기는 엄마에 대한 믿음과 사랑 속에서 무럭무럭 잘 자라갈 것입니다. 그야말로 왕성한 생명력이 되는 것입니다. 만약에 엄마가 아닌 여성이라도 아기와 수 년을 함께 지낸다면 아기는 진짜 엄마와 같은 사랑의 관계 속에 거하게 될 것입니다. 생명력이란 바로 이런 것을 말하는 것입니다. 싹을 낸다는 것은 하나님과의 관계가 자라간다는 말과도 통합니다. 그리고 신앙체험이란 바로 엄마 체험과 같은 것입니다.

씨앗이 심겨졌을 때 신앙체험이 씨앗의 싹을 틔우고 싹이 자라나게 합니다. 이 신앙체험이 반복적으로 나타날 때 싹틔워진 생명은 자라나게 되어 있습니다. 그리하여 '생명'이던 복음은 자라나면서 '생명력'을 가지게 되어 있습니다. 생명 자체도 힘이지만 생명력으로 자라기 위해서는 신앙체험이 필수적입니다. 만약에 어떤 체험으로 복음의 씨앗이 싹을 냈다고 해도 그대로 놓아두면 생명을 잃어버립니다. 싹이 났다고 해서 다 된 것처럼 생각한다면 그 씨앗은 곧 생명력을 잃어버릴 것입니다. 그런데 이것을 계속 자라게 할 체험이 주어지지 않으면 생명을 잃어버리거나 그대로 굳어져버립니다. 그러면 걸림돌이나 문제가 됩니다.

기독교가 회복해야 할 지향점은 복음의 생명력입니다. 생명력을 가지고 있으면 영적싸움이 시작되고 자신과 환경과 세상과의 투쟁에서 성령님의 도우심으로 승리할 수 있지만, 생명력을 잃어버리면 싸움 자체가 불가능해집니다. 안타깝게도 싸우는 그리스도인들이 점점 줄어들어 세상에 별로 영향력을 행사하지 못하고 있는 것이 현실의 모습입니다. 복음의 능력이 거의 사라져버린 이유는 생명력을 잃었기 때문입니다. 복음이 구원의 능력을 가지고 있는데 그 구원의 능력은 사람에 따라 다르게 나타날 수 있습니다. 예수님을 생명으로 고백하는 사람에게는 구원의 능력이 적용되지만 예수님을 해결사로만 받아들이는 사람에게는 구원의 능력이 나타날 수 없을지도 모릅니다. 복음의 생명력은 체험을 먹고 자랍니다. 처음에는 생명을 품고 있는 씨앗이지만 여러 가지 신앙체험을 통해 생명이 싹을 틔우고 더 깊은 신앙체험이 일어나면서 줄기와 가지와 잎이 자라고 꽃을 피우고 열매를 맺게 됩니다. 이 모든 결과는 복음의 생명력으로 인한 것입니다.

현대사회는 체험적 신앙을 다양하게 가질 수 있는 환경이 아닙니다.

그리고 왕성한 생명력을 가진 신앙의 모델도 턱없이 부족합니다. 그래서 많은 경우에 어린아이와 같은 신앙을 가지고 있는 것을 볼 수 있습니다. 그것은 생명력을 가지지 못한 관념적, 추상적 신앙입니다. 깨닫는 것이 신앙의 출발점이지만 깨닫고 나서 체험이 없으니 자라지 못하는 것입니다. 예수님께서도 관념적 신앙에 대해 날카롭게 지적하셨습니다.

> **"그러므로 무엇이든지 그들이 말하는 바는 행하고 지키되 그들이 하는 행위는 본받지 말라"(마 23:3)**

신앙체험은 순종과 행함을 통해서만 얻어질 수 있습니다. 순종과 행함이 없이는 죽었다가 깨어나도 하나님을 체험할 수 없습니다. 그래서 다른 모든 것과 함께 신앙체험 프로그램들이 제시되어야 합니다. 신앙체험은 교회 안에서보다 교회 밖에서 훨씬 극대화될 수 있습니다. 삶 속에서 일어나는 믿음의 행위들이 체험으로 나타날 때 우리 모두는 생명력을 얻게 되고 살아 움직이는 신앙인들이 되어서 자신과 가정과 교회와 세상을 바꾸어 나가게 될 것입니다.

새로운 신앙기본훈련이 필요합니다

불행하게도 한국교회는 많은 분들이 걱정하는 그런 방향으로 흘러갈 것입니다. 다음세대를 이야기하지만 여태까지 행해왔던 신앙훈련을 그대로 진행해나간다면 지금과 조금도 다를 것이 없는 기독교가 될 것입니다. 그래서 이제는 신앙의 기본훈련이 바뀌어야 합니다. 기초성경공부, 기초제자훈련이라는 말은 없어져야 합니다. '기초'가 아니라 '기본' 제자훈련이 되어야 합니다. 왜냐하면 '기본'에서 자꾸 멀어지고 있기 때문입니다.

기본제자훈련은 교리교육이나 신앙생활교육이 아니라 하나님과의 관계에 모든 초점을 맞춘 훈련이어야 합니다. 하나님과의 관계, 예수님과의 관계보다 교리공부를 중심으로 하게 되면 많이 배운 것 같고 좋기는 한데 실제적으로 하나님과의 관계가 올바로 형성되지 않을 수도 있습니다. 하나님과의 관계가 제대로 세워져 있지 않으면 마치 바리새인들처럼 될 우려가 큽니다. 관계가 아니라 무엇을 지키는 데에만 집중할 수 있기 때문입니다.

아기가 태어나면 처음에는 아무런 관계도 필요가 없습니다. 누가 주든지 젖을 먹이고 기저귀를 갈아주기만 하면 되니까요. 그러나 아기에게 자의식이 생기면서 엄마와의 관계가 형성됩니다. 엄마와의 관계가 형성되면 엄마만 찾게 됩니다. 그런데 만약에 엄마와의 관계는 무시하고 뒤집기, 기어가기, 서기, 걷기 같은 행동들만 강조할 수 있을까요? 그런 것들은 시간이 지나면 해결됩니다. 다만 엄마와의 관계만 제대로 형성되면 모든 것이 가능해집니다.

만약에 엄마와의 관계가 세워지지 않는다면 아이는 고아처럼 자랄 것입니다. 고아는 엄마와의 관계가 없었기 때문에 사람들과의 관계에서도 어려움을 느낍니다. 마찬가지로 교리에 집중해서 훈련을 받는다면 영적 고아와 같이 되지 않겠습니까? 영적 고아는 다른 종교를 믿어도 아무런 가책이 생기지 않습니다. 하나님과의 관계가 형성되지 않았기 때문입니다. 그래서 하나님이 아니라 자기 생각대로 행하여 문제를 일으키기도 합니다. 지금은 영적 고아와 같은 신앙인들이 많습니다. 엄마가 누군지 모르니까, 알기는 하지만 머리로만 아니까 바리새인처럼 되는 것입니다.

주의 이름으로 선지자 노릇하고 귀신을 쫓아내고 권능을 행했어도 주님과는 아무 관계없이 자기 혼자 난리 친 것에 불과하다는 것입니다(마 7:22~23). 예수님도 이 사람들은 누군지 모른다고 하신 것입니다. 하나님과의 관계를 제대로 세워놓지 않으면 일평생 교회생활을 하고서도 하나님을 모르는 사람이 되고 마는 것입니다. 그래서 기초교리공부가 아니라 기본제자훈련이 되어야 한다는 것입니다. 기본제자훈련은 하나님과의 관계 세우기입니다. 이것이 먼저 이루어져야 미래 한국교회에 희망이 생길 것입니다.

> "그 날에 많은 사람이 나더러 이르되 주여 주여 우리가 주의 이름으로 선지자 노릇 하며 주의 이름으로 귀신을 쫓아 내며 주의 이름으로 많은 권능을 행하지 아니하였나이까 하리니 그 때에 내가 그들에게 밝히 말하되 내가 너희를 도무지 알지 못하니 불법을 행하는 자들아 내게서 떠나가라 하리라"
> (마 7:22~23)

성도의 신앙성장

옆 교회 목사님과 대화를 나누다가 나온 이야기입니다. 제가 목회를 하면서 가장 후회되는 일이 모든 초점을 성도들의 성장과 변화에 두지 못한 것이라고 했습니다. 신학대학원에 다니거나 목회를 꽤 오래 하면서도 그렇게 아쉽게 느끼지 못했는데 목회를 마무리할 시점이 가까워지니까 너무나도 후회가 되는 일로 남게 되었습니다. 그런데 옆 교회 목사님은 오랫동안 제자훈련을 꾸준히 행해오신 분이었습니다. 하지만 이분이 느끼는 점도 제가 느끼는 점과 크게 다르지 않았습니다. 제자훈련을 꾸준히 시켜도 어느 시점이 되니까 결국 더 이상 성장하지 못하더라는 것입니다. 최종적으로는 교회생활의 테두리에서 한 발자국도 진전하지 못하더라는 것입니다. 거기까지 성장한 성도들은 어떤 계기가 되니까 다른 교회를 찾아 떠나버린다는 것입니다.

물론 제가 말한 의도는 꼭 제자훈련에만 초점을 맞춘 것은 아니었고, 전반적으로 교회성장보다는 성도의 성장과 변화에 초점을 맞추는 일이 바른 목회라는 의미였습니다. 하지만 아무리 성도의 성장과 변화에 초점을 맞추더라도 어떤 의미에서는 성장이 아니라 교회생활에 더 잘 적응하게 만드는 것에 그치는 것이 아닐까 하는 염려도 있습니다.

성도의 성장은 어디까지 진행되어야 할까요? 정말 교회생활 속에서의 성장 이후에 삶에서의 변화는 불가능한 것일까요? 목회자들이 여기에 깊은 관심을 가지고 고민하고 연구하고 개발해야 하지만, 이런 주제에 관심을 가지기가 어려운 것이, 중대형 교회 목회자들은 안팎으로 주어진 사역에 너무 바쁘고, 작은 교회 목회자들은 목회 생존 자체에 매달릴 수밖에 없기 때문일 것입니다.

교회 내적으로뿐 아니라 교회 밖의 이웃과 선교에 진정으로 관심을 가지고 헌신하게 만들 만한 제자훈련 프로그램이 별로 눈에 띄지 않습니다. 우리들이, 우리 한국교회 성도들이 일반적으로 가지고 있는 신앙의식은, 물론 목회자들의 신앙의식도 크게 벗어나지는 않지만, 예수님께서 제시하시고 본을 보이신 그런 모습과는 너무나도 동떨어진 것이 우리의 신앙현실입니다.

아무리 교회개혁, 기독교개혁을 이루더라도 예수님의 복음과 멀리 떨어진 상태에서라면 모든 것은 결국 실패할 수밖에 없을 것입니다. 하나의 대안으로서 신앙적인 생각과 사고의 틀을 바꾸는 일과 함께 그 변화된 생각을 삶에서 실천할 수 있도록 만들어주는 실천 프로그램이 절실합니다. 생각의 틀을 바꾸는 일도 우리들의 한계를 뛰어넘을 수 있는 기회를 제공해야 하지만, 그런 프로그램이 있어도 그것을 실제로 삶에 적용할 수 있는 뚜렷한 기회를 만들어주는 체험 프로그램이 또한 준비되어야 할 것입니다.

> “오직 사랑 안에서 참된 것을 하여 범사에 그에게까지 자랄지라
> 그는 머리니 곧 그리스도라”(엡 4:15)

어떻게 신앙을 성장시킵니까?

신앙이 성장한다는 것은 어떤 것을 말하는 것일까요? 교회생활, 예배생활을 철저하게 하면 신앙이 성장한 것일까요? 혹시 전도를 열심히 하고 교회 예배에 많이 참석시키는 사람은 신앙이 성장한 사람일까요? 철야기도를 많이 하고 은사가 있어서 많은 사람을 고치거나 예언을 대언한다면 그 사람은 신앙이 성장한 사람일까요? 그럴 가능성이 크기는 하지만 그런 외적인 것을 가지고는 신앙이 성장한 것인지 은사나 열심만 있는 것인지 가늠하기 어렵습니다. 사실 신앙성장에 대한 개념조차도 바르게 세워져 있지 못한 것 같습니다. 교리적으로는 구원의 과정을 소명-중생-회심-신앙-칭의-입양-성화-견인-영화라는 아홉 단계로 설명하지만, 실제로 신앙인의 삶을 지배하는 신앙성장에 대한 원리를 찾아보기 힘듭니다.

베드로 사도는 신앙성장의 단계라고 볼 수 있는 덕목들을 제시했습니다. 믿음 → 덕 → 지식 → 절제 → 인내 → 경건 → 형제우애 → 사랑을 더함으로써 하나님의 신성한 성품에 참여하라고 권면했습니다(벧후 1:5~7). 그리고 그렇게 함으로써 부르심과 택하심을 굳게 하고 영원한 나라에 넉넉히 들어갈 수 있게 되라고 했습니다(벧후 1:10~11). 이런 권면들을 우리는 신앙성장의 단계라고 이야기할 수 있을 것입니다. 하지만 성경의 모든 인물들을 볼 때에 신앙성장은 사람의 수만큼이나 다양하고 기간이나 과정도 다 제각각입니다. 과연 어떤 상태를 신앙이 성장한 상태라고 이야기할 수 있을까요? 그리고 신앙이 성장한 사람이 가지는 공통적인 특징은 무엇일까요?

저는 근본적인 차이점은 신앙의식의 차이라고 생각합니다. 예컨대 왕족이 왕족처럼 행동하는 것은 왕족이기 때문일 것입니다. 곧 왕족으로서의 의식이 있기 때문에 왕족으로 행동하는 것입니다. 그리스도인이 그리스도인답지 못하게 살고 있다면 그것은 그리스도인으로서의 의식이 없기 때문입니다. 그것은 주변의 거의 모든 그리스도인들이 그리스도인답지 못하게 살고 있는 것이 가장 큰 원인일 수 있습니다. 그리스도인은 원래 '이렇게' 살아야 하는 사람들인데 주변에서 아무도 '이렇게' 사는 그리스도인이 없고 전부 '저렇게' 살고 있다면 어떻게 '이렇게' 행동할 수 있겠습니까? 대부분의 그리스도인들이 '이렇게' 살고 있다면 '저렇게' 살고 있던 신앙인들도 '이렇게' 살려고 애를 쓸 것이 아니겠습니까? 그리스도인의 목표지점이 분명해야 하는 까닭입니다.

혼자서 '이렇게' 사는 신앙을 깨닫고 어떻게 해서든지 '이렇게' 살려고 노력한다고 해서 쉽게 되는 것은 아닙니다. 물론 특별한 하나님의 부르심이 있으면 가능할 것입니다. 그러나 대부분의 그리스도인들은 결국 자기 생각대로 신앙생활을 할 수밖에 없습니다. 그러면 어떻게 해야 하겠습니까? 신앙의식의 수준을 높이면 신앙성장이 가능해집니다. 왜냐하면 어린아이의 신앙으로 만족하고 살면 언제까지나 어린아이 상태에 머물러있게 되지만, 자라면서 어른들의 신앙을 보고 어른과 같은 신앙의식을 가지게 되면 어른처럼 행동하게 되어 있기 때문입니다.

경영이 어렵고 답답한 소기업에서 근무하는 사람은 소기업에 맞는 사고방식을 가질 수밖에 없지만, 똑같은 사람이라도 만약에 대기업에 간다면 금방 소기업의 사고방식을 버리고 대기업 사원의 의식으로 근무하게 될 것입니다. 어느 쪽이 더 좋다는 이야기가 아니라 현실적인 비유를 들고 있는 것입니다. 소기업에서 아무리 대기업 의식으로 근무하라고 해도 안 되지만 단지 대기업에 가게 되면 노력하지 않아도 대기업의 사고방식을 가지게 된다는 말입니다. 그리스도인이 수준 높은 신앙의식을 가지게 하려면 수준 높은 신앙의식의 상태로 데려가야 됩니다. 물론 과정이 필요하고 시간이 필요합니다. 그러나 확실하게 신앙성장이 이루어지는 것을 볼 수 있게 될 것입니다. 그것이 신앙회복훈련과정인 것입니다. 신앙의식의 수준을 높이는 것이 확실한 대안입니다. 참된 목회는 성도들이 이런 의식을 가질 수 있도록 끊임없이 노력하는 과정이어야 할 것입니다.

영성훈련과 체험훈련

기독교복음이 본질을 회복하려면 어떤 대안이 필요할까요? 정확한 비유가 될지는 모르겠지만 이를 사격훈련에 비유해보고자 합니다. 사격훈련에는 사격술예비훈련(PRI)과 영점사격훈련이 필요합니다. 그 다음에 실거리사격훈련이 있고, 그리고 그 후에는 실전배치가 기다리고 있을 것입니다. 그런데 현재 기독교신앙에는 사격술예비훈련까지만 존재하고 있는 형국입니다.

쉽게 말하면 신앙교육은 있는데 신앙훈련은 없다는 것입니다. 거의 모든 제자훈련은 사실상 예비훈련, 곧 신앙교육에 그치고 있습니다. 제자훈련이 잘못되었다는 말이 아니라 제자훈련 이후가 없다는 말입니다. 제자훈련 자체는 훌륭한데 실제로 총을 다루어보는 영점사격훈련, 곧 그 이후의 실천과정이 없습니다. 신앙생활 자체가 영적싸움인데 이 영적싸움을 말로만 가르칠 뿐 실제로 싸울 수 있도록 훈련하는 과정이 없다는 말입니다.

물론 영적싸움이라는 개념이 여러 가지로 해석될 수 있기 때문에 기도로써 영적 세력을 대적하는 싸움이 왜 없느냐고 할 수도 있습니다. 하지만 귀신을 대적하는 기도훈련은 영적싸움의 일부분일 뿐이지 그 자체가 영적싸움의 전부인 것은 아닙니다. 예수님께서 숱한 귀신들을 내쫓으셨지만 그 일은 일부분이었고 정작 예수님은 바리새인들이 가지고 있는 율법과 말씀에 대한 오해와 싸우셨습니다. 거기에다가 실생활에서 펼쳐지는 잘못된 관습들과 싸우셨습니다. 마귀는 기도공간이 아니라 이 세상을 지배하고 하나님을 믿는 성도들을 대적하고 있기 때문입니다.

실제로 박해를 심하게 받던 시절에는 영성훈련과 체험훈련을 따로 받을 필요가 없었습니다. 왜냐하면 삶의 현장에서 치열한 영적싸움이 벌어지고 있었기 때문입니다. 하지만 지금은 그런 시대가 아닙니다. 영적싸움은 육체적인 박해로 일어나는 것이 아니라 교묘한 세계관의 싸움으로 변경되었습니다. 직접적인 싸움이 아니라 눈에 보이지 않는 현실 속에서의 치열한 신앙의 싸움이 되었다는 것입니다. 그것이 영적싸움인지도 모르는 채 번번이 마귀에게 패하고 마는 것이 현실적인 신앙의 모습인 것입니다.

기독교의 타락이 어디에서 왔습니까? 영적 분별력의 상실에서 오는 부분이 크지 않겠습니까? 영적 분별력이란 머릿속으로 아는 관념만 가지고는 실제적으로 소유할 수 없습니다. 그런데 지금은 대개 관념적, 추상적 신앙으로 세상을 살고 있습니다. 즉, 실제 사격훈련을 받지 못한 상태에서 전쟁터에 나가는 군인과 같다고 할 수 있습니다. 사격해본 적이 없는 군인이 싸울 수 있겠습니까? 현장에서 상황에 몰려 총 쏘는 법을 급하게 배우겠지만 그야말로 방향도 없이 보이지도 않는 적을 향하여 여기저기 빵빵 쏘아댈 뿐인 것입니다.

지금은 실천적이고 체험적인 신앙훈련이 필요한 때입니다. 좋은 제자훈련 프로그램이 부족합니까? 아닙니다. 대개의 제자훈련 프로그램들은 거의 완벽에 가까울 것입니다. 그러나 실천과 체험으로 나아가는 과정들은 거의 없습니다. 그런 면에서는 정말 제자훈련이 맞는가를 다시 생각해보아야 하는 부분도 있습니다. 제자훈련이 아니라 제자교육에 그치고 있다고도 이야기할 수 있을 것입니다. 그런 제자훈련 외에도 산발적으로 전도훈련이나 성경훈련, 말씀훈련 등이 이루어지고 있지만 전체를 아우를 수 있는 실천과정들은 찾아볼 수 없습니다. 그래서 체험적인 과정들이 반드시 필요하다는 것입니다.

물론 실천이나 체험과정들이 일반적인 모습들은 아닐 수 있습니다. 저렇게까지 해야 하나 하는 의구심을 불러일으키는 과정들로 보일 수도 있을 것입니다. 삶에서 이루어지는 영적싸움을 의식하지 못한 상태에서 바라보면 지나친 과정들로 비쳐질 수도 있습니다. 하지만 다른 대안이 있습니까? 전혀 없습니다. 교회는 줄어들 것이고 성도도 사라질 것이고 복음은 능력을 잃어버릴 것이고 기독교인의 존재감은 점점 희미해져 갈 것입니다. 신학도 세속주의, 인본주의로 급속하게 더 나아갈 것이고 복음의 본질은 아예 인간의 사상이나 이념이나 학문으로만 번성하게 될 것입니다. 이미 구미 교회들은 그렇게 되었습니다.

지금은 교육과 함께 실천적인 체험훈련이 대안이 되어야 할 때입니다. 아무리 생각해도 그 길밖에는 없습니다. 육신으로 복음을 경험하게 해야 합니다. 실천을 통하여 말씀의 본질을 깨닫도록 해야 합니다. 영성훈련도 제자훈련도 육체로 경험하는 훈련으로 나아가야 합니다. 육체적인 실천훈련, 체험훈련이 우리들의 신앙을 100배쯤은 성장시켜 줄 것입니다. 왜냐하면 체험훈련을 통하여 성경말씀이 비로소 정확하게 이해되기 시작하기 때문입니다. 읽는 말씀이 아니라 내 몸에 새겨지는 살아있는 말씀으로 나를 지배할 수 있게 되기 때문입니다. 그래서 비현실적일지라도 성경 말씀을 있는 그대로 순종해 보아야 하는 것입니다.

어떤 삶을 사는 성도가 목표입니까?

목회나 선교를 행할 때 목표지점을 설정하는 것은 굉장히 중요한 일입니다. 곧 우리가 전도하고 길러낸 성도들이 성장하여 세상 속에서 어떤 모습의 그리스도인으로 살기를 바라보면서 섬기는가의 문제인 것입니다. 참된 그리스도인으로 살아간다는 것이 어떤 삶인지에 대한 개념을 세워놓고 성도들이 그런 삶을 살 수 있도록 지도하고 훈련하는 일이 올바른 목회나 선교라는 이야기입니다. 그러나 대다수의 목회자들은 이런 뚜렷한 목표의식 없이 여러 방법으로 전도하여 성도들을 불러 모으고 예배와 기타 프로그램이나 섬김 훈련을 통하여 자연스럽게 성도들이 자랄 것을 염두에 두고 열심을 냅니다. 선교에 열심을 내면서 해외에 교회들을 많이 세우는 경우가 많지만 과연 그렇게 세워진 교회를 통하여 자란 성도들이 그 나라에서 어떤 모습의 그리스도인들로서 살 것인가를 목표로 선교하는 분들도 거의 없을 것입니다.

물론 그렇게 설정한 그리스도인의 모습은 목회자나 선교사의 신학이나 교단이나 입장에 따라서 다양한 모습을 가질 수 있을 것입니다. 그러나 적어도 복음에는 공통분모라는 것이 있습니다. 어디에 초점을 두고 살아야 하는가에 대해서는 견해가 다를 수 있지만 하나님의 마음을 충분하게 드러낼 수 있는 본질 면에서 같은 방향이라면 얼마든지 서로가 수용할 수 있을 것입니다.

여기에서 어떤 모습의 삶이 참 그리스도인인가에 대해서는 상세하게 쓸 수 없지만 성경에서 말씀하는 의미의 하나님사랑과 이웃사랑을 올바로 이해하게 만들고 올바른 신앙의식을 거의 본능에 가깝게 세워줄 수 있다면, 그리고 그런 삶을 가르치고 훈련하고 본을 보여줄 수 있다면 그런 목회와 선교는 최고의 수준이 될 수 있을 것입니다. 정말로 예수님의 심장으로 하나님과 형제와 이웃을 사랑하는 삶을 제시하고 그런 삶을 살도록 꾸준히 훈련한다면 교회의 크기나 선교의 규모와는 전혀 관계없이 가장 훌륭한 사역자가 될 수 있을 것입니다.

그런데 문제가 있습니다. 성도들은 목회자의 수준을 넘어갈 수 없다는 점입니다. 여기에서 참 답답함을 느낄 수밖에 없습니다. 사역자가 참 그리스도인의 개념을 가지고 있지 못하거나 또는 그런 개념을 가지고 있더라도 비슷하게라도 살지 못한다면 아무리 참된 삶을 살도록 훈련하려고 해도 불가능할 수밖에 없을 것입니다. 그런데 그렇기 때문에 우리는 더더욱 성도들이 그리스도인으로서의 삶을 살 수 있도록 훈련하는 목표를 세워야 합니다. 왜냐하면 그렇게 할 때 목회자나 선교사는 자신도 그런 방향으로 성장할 것이기 때문입니다.

목회나 선교를 시작하거나 진행 중이라도 성도들의 삶에 대한 목표를 정하는 것은 굉장히 중요합니다. 저도 목회할 때 이런 개념을 가지고 하지 못했습니다. 그런데 지금 와서 깨닫고 보니 그것이 사역의 핵심이라는 사실을 뼈저리게 느낄 수밖에 없습니다. 그냥 교회생활 잘 하고 직업에 최선을 다하고 헌금 열심히 하고 더 나아가 교회를 돕고 선교지에 교회 하나 짓는 데 힘을 보태는 정도의 개념이라면 그것은 결코 참 그리스도인으로서의 삶의 목표가 될 수 없습니다. 그것이 무슨 참 그리스도인입니까? 그냥 세상에서 잘 살라는 것과 무엇이 다릅니까? 예수님께서 그렇게 살라고 십자가에서 죽으셨습니까?

성도들이 어떤 삶을 살도록 해야 하겠는가에 대한 기준은 훨씬 높은 것이어야 합니다. 높은 신앙을 바라보고 훈련하지 않으면 더 이상 성장할 수가 없습니다. 성도는 그냥 자연스럽게 자라가는 것이 아닙니다. 주님께서 바라보시는 그런 수준을 향하지 못하면 단지 어린아이 수준의 성도들만 양산할 뿐입니다. 그러면 교회는 계속 욕을 먹게 될 것입니다. 그것은 사역자들에게도 결코 유익이 될 수 없습니다. 성도들의 삶의 목표를 정하고 훈련하는 일은 사역자들에게도 반드시 필요한 일입니다. 그만큼 더 노력하고 스스로 연구하고 고민함으로써 더 높은 수준의 삶을 살려고 힘쓸 것이기 때문입니다. 성도들이 나중에 어떤 수준의 그리스도인의 삶을 살기를 원하십니까? 이제라도 그것을 설정하고 사역한다면 훨씬 수준 높은 사역을 할 수 있게 될 것입니다.

신앙의 기준을 높여야 합니다

신앙이 한 단계 올라가는 것은 결코 쉽지 않습니다. 더구나 현재신앙의 가장 높은 수준으로 여겨지는 단계에서 한 단계 더 올라가는 것은 거의 불가능에 가깝습니다. 주어진 삶 가운데에서 최선을 다하고 하나님의 일을 마음과 목숨과 뜻과 힘을 다해 감당해야 하는 것은 틀림없는 방향이지만, 그런 틀 속에만 머물러 있다면 교회는 미래를 결코 보장할 수 없습니다. 지금까지 해왔던 것이 바로 그것이었는데도, 그래서 교회가 외면당하게 되었는데도 여전히 그 자리에 머물러있다면 문제가 심각합니다. 이런 근본적인 의식 없이 그저 열심히 충실하고 있는 것을 보고 아무 문제가 없다고 여길 뿐 아니라 오히려 칭찬하고 만족한다면 뭐라고 할 말이 사라져버립니다. 그런데 대부분의 교회와 목회자들이 아무런 문제의식 없이 조금이라도 잘 되려고 몸부림치는 모습은 너무나도 안타까움을 불러일으킬 뿐입니다.

우리는 더 높은 수준으로 올라가야 합니다. 그렇지 않으면 제자리걸음만 반복할 뿐입니다. 마치 러닝머신에 올라가 몇 시간을 뛰어서 심장이 터질 것만 같고 땀으로 샤워를 한 것 같아도 여전히 그 자리에 머물러 있는 것과 같은 것입니다. 수준을 높인다는 것은 러닝머신의 속도를 올리는 것이 아닙니다. 러닝머신에서 내려와서 길을 달리고 숲으로 달려가야 합니다. 물론 우리에게는 달려가야 할 길이 멉니다.

언제까지 어린아이 우유 먹이고 밥 떠먹이듯이 할 것입니까? 말씀이 영의 양식이라면서 그 양식을 언제까지 성도들에게 먹이듯이 할 것이며 어린아이 기저귀 갈고 옷 입혀주듯이 성도들을 돌보아야 하겠습니까? 이제는 성도들이 스스로 밥 찾아먹고 스스로 자기 몸 돌볼 수 있게 해야 할 것이 아니겠습니까? 성도들 뒤치다꺼리하는 것이 목회라는 말입니까? 왜 더 성장시킬 생각을 하지 않습니까? 왜 더 수준 높은 성도로 변화시킬 생각을 하지 않는가 말입니다.

어떻게 하면 더 수준 높은 성도들로 변화시킬 수 있을까요? 수준 높다고 하니까 고상한 성도, 지적인 성도를 말하는 것으로 들릴지 모르겠는데, 그것이 아니라 성도들로 하여금 성경이 제시하는 높은 수준의 신앙의식을 가지고 살도록 해야 한다는 말입니다. 이것은 결코 새로운 것이 아닙니다. 이미 성경에는 모든 것을 제시해 놓았습니다. 그래서 더 어려운 것입니다. 그 어떤 말을 하더라도 이미 들어서 알고 있다고 생각하기 때문입니다. 그러나 알고 있는 것과 그렇게 살려고 애쓰는 것은 전혀 다릅니다.

아무튼 그러면 어떻게 해야 할까요? 여기에서 신앙의 기준에 대해서 이야기하지 않을 수 없게 됩니다. 어린아이들이 초등학생이 되고 중학생, 고등학생으로 자라갈수록 그 기준이 계속 올라가고, 심지어는 이미 어른이 된 사람들도 지속적으로 기준은 높아지게 되어있습니다. 기준이 높아지지 못한다면 수준이 올라갈 수가 없게 됩니다.

신앙인들도 계속 신앙의 기준을 높여주어야 합니다. 물론 기준에도 여러 가지 종류가 있을 것입니다. 기준을 높인다면서 더 큰 교회, 더 잘 사는 성도, 더 성공하는 사업에 초점을 둔다면 오히려 신앙의 수준은 더욱 형편없어지게 될 것입니다. 마치 러닝머신에 올라가서는 아무리 기준을 높여도 한 걸음도 앞으로 나아갈 수 없는 것과 마찬가지입니다. 신앙의 기준은 예배에 더 열심히 참여하거나 기도시간을 더 늘리거나 헌금을 더 많이 하거나 심지어 성경을 1독을 더하는 등의 교회생활을 말하는 것이 아닙니다. 그 기준은 예수님의 참 제자로서의 기준을 말하는 것입니다.

만약에 성경에서 권면하는 모든 기준 항목을 리스트로 만든다면 과연 어떤 것들이 나타나게 될까요? 아마도 거의가 다 추상적인 사항이 될 것입니다. 예를 들어 용서, 사랑, 인내, 기쁨, 평안, 화평, 자기 자신과 같이 이웃사랑하기, 비움, 버림, 희생, 낮춤과 같은 조항들을 조금 세분화하여 제시하게 되지 않겠습니까? 만약에 이런 기준을 우리에게 적용한다면 과연 우리의 점수는 얼마나 나오겠습니까?

예배출석, 헌금, 기도의 시간, 묵상의 습관, 성경통독횟수, 교회봉사, 전도열매 숫자, 각종 제자훈련 수료 여부 등과 같은 눈에 보이는 항목들이 중요하지 않은 것은 아닙니다. 그러나 성경은 이런 조항들에 대해서는 거의 언급이 없습니다. 그것은 그런 행위들 자체보다는 다른 항목들에 하나님께서 관심을 가지고 계신다는 뜻일 것입니다. 그렇다면 우리는 기준을 높일 때 어떤 기준을 높여야 하겠습니까? 진짜 높여야 할 기준을 제시해야 신앙의 수준도 높일 수 있지 않겠습니까?

우리는 엉뚱한 기준을 성도들에게 제시하고 있습니다. 그래서 각종 프로그램들을 통하여 겉으로 드러나는 결과들을 칭찬하고 높여주고 상을 주고 있습니다. 도대체 성도들에게 어떤 점을 격려하고 있는 것입니까? 정작 그리스도인으로서 충분히 소유해야 할 진짜 덕목은 격려하거나 본받으라고 하지 않고 외적인 성과에만 관심을 가지고 있는 것처럼 보인다면 그러면 성도들은 어떻게 신앙의 수준이 높아지고 변화되고 성장할 수 있겠습니까? 성도들이 변화되지 못한다면 목회는 왜 한단 말입니까?

물론 참된 기준은 그것을 평가하거나 구체적으로 권면하거나 모범을 제시하기가 몹시 어렵습니다. 그리고 말이나 가르침만으로 높은 기준을 따라오라고 하기도 어렵습니다. 그러나 교회와 목회자가 겉으로 드러나지 않는 참된 삶의 모습을 보여준다면 성도들도 알게 모르게 배워갈 수 있을 것이고 신앙의 수준도 높아지게 될 것입니다. 그리고 그런 높은 기준의 삶을 위해서 연구하고 만들어낸 어떤 과정을 따라가게 만든다면 신앙인들의 기준도 올라가게 될 것입니다. 그러면 자연스럽게 신앙의 수준도 높아질 수 있을 것입니다. 그 과정은 오직 성경 말씀만을 중심으로 변화에 초점을 맞춘 내용이어야 할 것입니다.

이런 일은 사실상 몹시 어려운 일이 될 것입니다. 예수님도 바로 이런 높은 수준의 신앙의 기준을 제시하셨지만 사람들은 거의 이해하지 못했었습니다. 다른 측면에서 이야기하자면 그 결과가 바로 십자가가 아니겠습니까? 그러나 오늘날은 예수님처럼 그렇게 어렵거나 또는 예수님처럼 십자가를 져야 할 정도는 아닐 것입니다. 왜냐하면 우리에게는 성령님께서 내주하시기 때문입니다. 힘들고 어려운 것은 사실이겠지만 그럴 마음만 있다면 성령님께서 크게 도우실 것입니다.

신앙의 참된 기준을 높이십시오. 그리고 우리의 삶의 목표는 바로 변화에 있다는 사실을 인정하십시오. 신앙의 수준을 높이는 것만이 참된 복음이 세워지는 유일한 길이고 변화와 개혁의 진정한 통로가 될 것입니다. 그것이 목회를 목회답게 하는 길이고 교회를 살리는 길이기도 한 것입니다. 신앙의 참된 기준을 높이십시오.

예수님을 유별나게 믿으세요

제가 가끔 듣는 말이 유별나다는 말입니다. 유별나게 사역한다는 것입니다. 그러나 저는 그렇게 유별난 것은 없습니다. 남들보다 튀는 것을 좋아하지 않습니다. 드러내는 것을 즐겨하지 않습니다. 오히려 숨기고 싶습니다. 튀지 않으려고 애를 씁니다. 그런데 사역을 하다가 보니까 다른 사람들이 보기에 튄다는 느낌을 줄 때가 있는 것 같습니다. 하지만 제가 유별나기 때문이 아니라 말씀 속으로 한 걸음이라도 더 들어가 보고 싶은 소망 때문에 궁리에 궁리를 거듭하다가 생각해낸 일들입니다. 남들보다 튀거나 돋보이고자 하는 일들이 절대 아닙니다. 저는 유별나다는 말을 가장 듣기 싫어합니다. 유별난 것이 아니라 열심이 특심이다 보니까 그렇게 된 것입니다. 좀 더 잘 믿어보고자 하는 일들이고 좀 더 말씀 속으로 깊이 들어가 보고자 하는 일들입니다.

그런데 성경을 보면 우리가 본받아야 할 신앙의 선진들은 하나같이 유별난 사람들뿐이었습니다. 노아가 대표적입니다. 노아는 그 당시 인구 아마도 수천만 명이 전혀 이해할 수 없는 일들을 했습니다. 정말 유별납니다. 아브라함이요? 정말 유별났습니다. 생업과 고향 친척들을 다 버려두고 웬 가나안 행입니까? 아브라함이 얼마나 유별났는가 하면 하다 하다 못해 나중에는 자기 외아들을 제물로 죽이려고까지 했다니까요. 그것도 백 살에 낳은 아들을 말입니다. 야곱이요? 아버지한테 기도 좀 받고자 엄마와 공모하여 축복기도를 받아내고야 맙니다. 그건 나쁜 짓이죠. 그 후에 아내를 얻고자 7년을 하루같이 일하고, 어쩌다가 언니와 먼저 결혼하게 되자 7일 후에 원래 얻고자 했던 아내를 얻고 그것을 위해 또다시 7년을 일했습니다.

선지자들은 어땠습니까? 믿음이 좋다는 사람들은 전부 유별난 사람들뿐이었습니다. 호세아는 음녀를 아내로 맞았으며 그녀가 다른 남자를 따라 도망치자 그 창녀를 되찾아서 다시 함께 살았습니다. 정말 별난 사람이죠. 요나는 비록 자기 의지는 아니었어도 물고기 배 속에서도 살아나온 사람입니다. 다니엘은 총리로서 왕의 칙령을 알고서도 창문을 열어놓고 하루 세 번씩 예루살렘을 향하여 절을 했습니다. 깊이 관찰하면 전부 다 별난 사람들밖에 없었습니다.

신약으로 넘어와서 세례 요한은 어떻습니까? 하나님의 일을 하는 사람은 꼭 그렇게 광야에서 낙타 털옷을 입고 살아야 하나요? 제자들도 마찬가지입니다. 어떻게 갈릴리 목수 예수를 따라 아버지와 배와 일꾼 등 모든 것들을 버려두고 좇아갈 수 있습니까? 세리도 멀쩡하게 세관에 앉아 있다가 갑자기 예수님을 따라나섭니다. 뭘 그렇게 유별나게 믿습니까? 제자들은 3년 동안 그 난리를 치더니 그 예수가 붙잡혀 가자 전부 다 배반해버립니다. 유별나게 믿더니 배반도 유별나게 합니다. 아무튼 성경에 나오는 인물들은 전부 다 유별난 사람들밖에 없습니다. 왜 그럴까요? 성격이 유별나거나 사람들에게 드러내기를 좋아하는 사람들이었을까요? 뭔가 자기가 더 잘 믿는다는 것을 많은 사람들 앞에 자랑하기 좋아하는 사람들이었을까요?

성경 속의 유별난 사람들의 특징은 유별나게 믿음이 좋다는 것이었습니다. 하나님의 말씀에 보다 철저하게 순종하려다 보니까 사람들의 눈에 그렇게 보이는 것입니다. 자기 이름을 위하여 유별난 사람들은 없었습니다. 믿음의 경쟁을 위해서가 아니라 하나님을 위해서 그렇게 살았던 것입니다. 성경 속의 인물들에 대해서는 그 누구도 유별나다는 소리를 안 합니다. 오히려 본받으려고 하지요. 그런데 현실 속에서 열심히 믿고자 애쓰는 사람들에 대해서는 기피하려고 합니다.

하지만 예수님을 믿는 사람들은 좀 더 유별나게 믿어야 합니다. 물론 꼭 그렇게 겉으로 드러나야 한다는 말은 아닙니다. 생각해보십시오. 물고기가 하천을 따라 흘러 내려가면 아무런 기척도 느낄 수가 없습니다. 하지만 하천을 거슬러 올라가면 반드시 겉으로 드러나게 되어 있습니다. 우리 신앙인들은 세상을 거슬러 올라가는 사람들입니다. 일부러 티를 내려고 하는 것이 아니라 말씀을 온전하게 따라가려다 보면 저절로

티가 나게 되어 있습니다. 그것은 자연스러운 현상입니다. 하긴 요즘은 가만히만 있어도 도움이 되는 시대이기는 합니다만, 그렇게 해서는 복음의 능력이 살아날 수가 없습니다.

예수님을 유별나게 믿으십시다. 일부러 그러라는 것이 아니라 좀 튀어도 신경 쓰지 마시고 그것이 하나님의 뜻이라면 철저하게 순종해보면 좋겠습니다. 좀 유별나게 열심히 한 번 믿어보고, 세상의 환경이나 평가 같은 것은 무시하고 오로지 말씀에만 순종해보면 좋겠습니다. 목회도 사역도 특심으로 집중해보십시다. 좀 유별나 보이면 어떻습니까? 예수님만 사랑하면 되는 거죠. 우리 좀 유별나게 예수님을 믿읍시다.

목사님들, 책망을 두려워하십시오

저는 하늘나라에 갔을 때 마치 요한계시록에서 책망 받은 교회들처럼 주님으로부터 책방 받을까 두려운 점이 있습니다. 교회를 성장시키지 못하고 성도들을 끝까지 지키지 못한 것 때문일까요? 교회건물을 작게라도 지어드리지 못했기 때문일까요? 아니면 지역 교회 연합모임을 하면서 저의 부족함 때문에 여러 교회를 끝까지 섬기지 못했기 때문일까요? 전혀 아닙니다. 안타깝기는 하지만 저도 나름대로 있는 힘을 다하여 최선을 다했기 때문에 어쩔 수가 없었습니다.

교회를 성장시키지 못한 것 때문에 오히려 저의 믿음이 자랐습니다. 잘 깨닫지 못하는 말씀들을 조금이라도 깊이 깨닫게 되었습니다. 저의 경우에는 중형교회로 성장시키지 못한 것이 큰 복이었습니다. 규모 있는 교회에서 목회를 했더라면 절대로 이런 성장은 없었을 것이기 때문입니다. 예배당을 따로 만들지 못한 것도 저는 큰 은혜라고 생각합니다. 예배당 짓는 금액과 노력과 모든 헌신들을 오히려 지역을 위해 사용하는 것이 훨씬 유용하다고 보기 때문입니다. 지역교회 모임을 성심을 다해 진행했지만 지금은 7교회만 매주 금요일 밤마다 모여서 기도하고 있는데 이것이 벌써 15년째입니다. 매우 부족하고 안타깝기는 하지만 이것도 만족하며 진행할 수밖에 없습니다.

제가 주님으로부터 책망 받을 일은 따로 있습니다. 그것은 성도들을 예수님의 제자들로 만들지 못했다는 것입니다. 그렇다고 저의 제자들을 만든 것도 아니었습니다. 한마디로 하면 성도들의 영혼을 자라게 만들지 못했다는 것입니다. 불신자였던 한 사람을 불러서 세례를 베풀고 집사, 권사로 만들었다고 해서 성도들을 자라게 한 것은 아닙니다. 어쩌면 심하게 이야기해서 그냥 교회에 적응하게 만든 것에 불과할지도 모릅니다. 성도들이 저희 교회를 떠났다고 해서 이런 말을 하는 것이 아닙니다. 어느 교회에 가서든 주님의 제자로서의 모범을 보일 수 있는 성도들로 자라게 만들었어야 하는데 저는 별로 그렇게 하지를 못했습니다. 성도들이 자라도록 하지 못한 것은 완전히 저의 책임입니다.

성도들에게 문제가 있는 것이 아닙니다. 우리 성도들은 너무나도 착한 사람들입니다. 혹시 염소 같은 사람들이 와도 교회 분위기를 견디지 못하고 나가버립니다. 교회생활에서도 잘 순종했습니다. 거의 나무랄 것이 없는 사람들입니다. 하지만 아주 냉정하게 영적으로 그들의 상태를 바라본다면 주님 앞에 부끄러울 뿐입니다. 성경을 많이 읽었다고 해서 신앙이 자란 것입니까? 아닙니다. 전도를 많이 해 오는 성도들은 영적으로 성장해 있을까요? 꼭 그렇지도 않습니다. 그러면 모든 제자훈련과정을 완벽하게 마친 성도는 신앙이 자라 있을까요? 그럴 수도 있고 그렇지 못할 수도 있습니다. 그러면 어떻게 하는 것이 성도들의 신앙을 자라게 할 수 있는 길일까요?

제자훈련이요? 물론 가장 유용한 도구입니다. 저는 제자훈련을 많이 제공하지 못했습니다. 그래서 그것이 가장 아쉽습니다. 그러나 제자훈련을 많이 행했던 교회들도 특별히 성도들이 예수님의 제자로서 훈련받았다고 느낄 수 있는 경우는 많지 않습니다. 제자훈련이 거의 제자교육에 그쳤기 때문일 것입니다. 사실상 제가 성도들을 예수님의 제자들로 성장시키지 못한 가장 큰 이유는 제가 예수님의 참 제자라고 하기에는 많이 부끄러운 모습이었기 때문입니다. 어쩔 수 없는 저의 한계라고 할 수밖에 없겠습니다만, 제가 삶의 모습으로 성도들에게 본을 보이지 못했기 때문에 아무리 말씀으로 훈련으로 잘 가르쳐도 성도들은 예수님의 제자가 되지 못하고 말았던 것입니다.

설교하고 가르치고 전도하고 심방하고 기도하는 것만으로 성도들을 예수님의 제자로 만들지 못합니다. 완전을 이야기하는 것이 아닙니다. 사고방식과 세상을 보는 신앙의식이 예수님을 닮아있는 사람들의 모습을 보여야 하는데 그냥 종교인의 모습밖에는 볼 수 없으니 참으로 안타깝습니다. 세상에서 욕을 먹는 것은 어쩔 수 없는 부분이 있기는 합니다만, 그러나 오늘날 교회가 교회로서 기능을 하지 못하기 때문에 일어날 수밖에 없는 당연한 결과가 아니겠습니까? 결국 성도의 신앙과 삶의 모습은 목회자가 만들어내는 것이 아니겠습니까?

성도들에게 이웃을 이렇게 사랑하는 것이라고 몸으로 삶으로 보여주지 못한다면 성도들은 예수님의 제자들이 되지 못합니다. 한 사람을 위해서 모든 고통을 견디시고 십자가에서 돌아가셨던 예수님처럼 단 한 사람의 불신자를 위해서 얼마나 애를 써보셨습니까? 마치 자기 자식들을 사랑하는 것과 같은 그런 모습을 보여준 적이 있습니까? 물론 그런 훌륭한 목회자들이 많이 있을 것이라고 생각합니다. 다만 목회의 본질과 핵심을 이야기하고 싶은 것입니다.

저는 그렇게 목회하지 못했습니다. 그런 사실들을 깨달았을 때에는 이미 늦었고, 다만 한국교회의 미래를 위해 그런 체험과 묵상들을 책으로 출판해서 진정한 제자들을 만들기 위한 훈련과정을 만들어나가고 있는 것입니다. 그러나 제대로 목회하지 못하고 단 한 사람의 성도라도 예수님의 제자로 길러내지 못한 부분에 대해서는 반드시 책망이 있을 것이라고 생각합니다. 목회는 예수님의 사랑으로 성도들에게 모든 초점을 맞추고 예수님의 제자들로 길러내는 과정입니다. 성장, 부흥, 성도숫자, 이런 것 다 버려야 합니다. 그래야 제대로 목회가 될 것입니다.

문제의식이 없습니까?

그리스도인들에게 있어서 가장 큰 문제는 문제의식이 없는 것이 될 수 있습니다. 지금 우리의 신앙생활 속에서 아무런 문제를 느끼지 못한다면 정말 큰 일이 아닐 수가 없습니다. 교회 자체의 문제이든 세상 속에서의 교회의 모습에 대해서이든 또는 목회자에 대해서이든 그리스도인 개인으로이든 아무런 문제의식을 가지고 있지 못하다면 우리는 그 어디에서도 희망을 발견할 수 없을 것입니다. 거기에서는 어떤 변화도 일어날 수 없고 어떤 개혁도 일어날 수 없습니다. 문제의식이 없는 곳에 어떻게 새로운 역사가 일어나고 성장이 일어날 수 있겠습니까?

당신 자신은 어떻습니까? 아무런 문제가 없습니까? 당신의 교회는 어떻습니까? 오늘날 기독교는 어떻습니까? 그리고 우리가 전하는 복음에는 아무런 문제가 없습니까? 물론 여기에서 문제라는 것은 우리들 앞에 닥친 어려움이나 해결해야 할 과제를 말하는 것이 아닙니다. 그런 문제들은 우리가 하나님의 뜻을 구하고 기도하면서 해결해나가면 됩니다. 그런 문제들은 어쩌면 하나님께서 주신 사랑의 선물일 때가 많습니다. 그런 문제들은 그리스도인의 일상생활 속에서의 문제들입니다.

여기에서 말하는 문제란 그런 것이 아닙니다. 그리스도인의 문제의식이란 하나님과의 사이에서의 문제를 말하는 것입니다. 하나님과 우리 사이를 가로막고 있는 장애요소들, 하나님을 외면하고 돌아서 있는 우리의 모습들, 하나님이 아니라 세상의 성취를 추구하면서도 그것을 하나님을 사랑하기 때문에 감당한다고 생각하는 착각들, 사명이라고 너무 분주하여 하나님의 음성을 듣지 못하는 장벽들, 스스로는 말씀에 순종한다고 생각하는데 사실은 하나님의 마음은 쏙 빠져있는 오해들, 아무튼 하나님과의 관계를 가로막고 있는 모든 요소들에 대한 문제의식을 말하는 것입니다.

오늘날 교회는 커다란 위기의식을 느껴야 할 정도로 심각합니다. 여기에서 해결책은 몰라도 적어도 문제의식을 느끼지 못한다면 그는 깨어 있는 그리스도인이라고 할 수는 없을 것입니다. 진짜 그리스도인이라면 걱정이 되어야 합니다. 예수님은 뭐라고 하실까? 왜 이렇게 되었을까? 어떻게 하면 조금이라도 회복할 수 있을까? 복음이 왜 이렇게 변질되어 버렸을까? 정치가 왜 교회를 마음대로 좌우할 수 있게 되었을까? 왜 아직도 큰 교회, 큰 부흥을 외칠까? 왜 교단에서 교회의 숫자를 내세우려고 할까? 하나님의 말씀에 전혀 관심조차도 없는 성도가 부지기수인데 어떻게 그들을 깨울 수 있을까? 번영주의, 성공신학, 기복주의, 은사주의와 같이 복음에 거슬리는 사조들은 어떻게 물리칠 수 있을까? 이런 의식이 없다면 복음은 전혀 회복되지 못하고 교회는 사라질 것이며 기독교는 세상에 거의 영향을 미치지 못하게 될 것입니다.

온 세상 걱정을 혼자 다 하는 것이 아닙니다. 늘 이런 문제의식 속에서 자신을 쳐서 하나님의 뜻대로 나아가게 하며 말씀이 가르치는 진정한 방향으로 회복해 나아가야 하겠다는 의지를 말하는 것입니다. 물론 문제의식을 느낀다고 해서 당장 우리가 할 수 있는 일이 많은 것은 아닙니다. 누구도 이 문제들을 당장 해결하거나 해결책을 제시할 수는 없습니다. 은혜 주시는 대로 자신이 할 수 있는 일을 할 뿐입니다. 그러나 그 이전에 모든 그리스도인들이 이런 문제의식을 느껴야 합니다. 그러면 조금씩 회복의 방향으로 나아갈 수 있습니다. 문제의식을 느끼는 사람들을 찾아보기 힘든 상황이라면 희망이 없습니다.

세상은 종말로 점점 치닫고 있습니다만, 우리는 어떤 경우이든 그리스도인다움을 잃지 말아야 합니다. 말세에 우리의 믿음을 지키기 위해서라도 문제의식을 느끼고 공감하고 공유하며 함께 해 나아가야 합니다. 예수님의 외침이 생각납니다. 주님의 마음을 조금이라도 느낄 수 있기를 바랍니다. 문제의식을 가질 수 있기를 진정으로 원합니다.

"이르되 우리가 너희를 향하여 피리를 불어도 너희가 춤추지 않고 우리가 슬피 울어도 너희가 가슴을 치지 아니하였다 함과 같도다"(마 11:17)

쓴소리가 듣기 싫으십니까?

글을 쓰면서 다소 비판적인 이야기를 쓸 때가 자주 있습니다. 한국교회가 나아가야 할 방향을 이야기하다가 보니까 현실적인 부분을 지적하지 않을 수가 없어서 그렇습니다. 모든 것이 잘 되고 있고 누가 보아도 교회가 칭찬을 들으며 그리스도인들의 삶의 모습을 하나님께서 기뻐하실 것 같으면 저의 이런 이야기들이 전혀 필요 없을 뿐만 아니라 오히려 하나님의 영광을 가리는 결과가 될 것입니다. 그러나 지금 한국교회가 곧 유럽교회처럼 죽은 교회로 사라져버릴 것이 뻔한 상황에서 입을 다물고 있을 뿐만 아니라 은혜를 이야기하고 감사만 이야기하고 치유만 이야기하고 위로만 이야기한다면 그것은 과연 잘 하고 있는 것일까요?

저는 정말 안타까운 마음으로 복음이 회복될 것을 크게 기대하면서 되도록 알아듣고 깨달을 수 있게 하기 위해 가장 부드러운 말로 비유를 들어가면서 열심히 설득하고 있는 것입니다. 물론 직접적으로 표현할 때도 많이 있습니다만, 지금의 상황을 직설적인 방법이 아니고 되도록 이해하기 쉽도록 모든 지혜를 다 짜내서 설명하려고 애를 쓰고 있는 것입니다. 저는 적어도 교회를 주의 몸이라고 여기고 교회를 어떻게 해서든지 살려보려고 어리석은 언어를 총동원해서 몸부림을 치고 있습니다. 어떤 분들은 교회를 깨는 것으로 여겨질 정도로 공격적이고 비판적으로 말하는 분들도 계시고 또 훌륭한 분인데 교회제도를 부정하는 분도 계십니다만, 저는 교회의 잘못이 아니라 교회에 속한 지도자들의 잘못이라는 생각으로 어떻게 하든지 깨우려고 하는 것입니다.

현실을 생각할 때 교회를 무비판적으로 바라보는 것은 참으로 큰 문제입니다. 그것은 교회를 깨기 위한 행동인 것처럼 보이는 그런 행위들보다 어쩌면 더 위험할 수 있습니다. 왜냐하면 세상을 통해 들어오는 사탄의 전방위적인 궤계에 대해 완전 무방비상태가 되기 때문입니다. 열심히 잘 하고 있는데 왜 그러느냐고 할 수 있습니다. 잘 하고 있지 못한 것 같아서 이런 이야기를 하는 것은 아닙니다. 진실하게 열정을 다해서 최선을 다해 애쓰고 힘쓰면서 목회하고 사역하는 수많은 분들이 계십니다. 그러나 그것만이 전부가 아니라는 사실도 알아야 합니다. 문제의식을 가지고 고칠 것을 고치려고 하는 자세도 아주 중요합니다.

공장이나 식당에서 최고급 제품을 만들거나 진미 요리를 만드는 것으로 다 되는 것이 아닙니다. 아무리 최고급 제품과 맛있는 음식을 만들어도 거기에 따라 나오는 부산물들이나 쓰레기도 엄청나게 나오게 되어 있습니다. 그런 쓰레기나 부산물들을 치우지 않고 공장이나 식당이 가능하겠습니까? 아무리 열심히 희생적으로 섬기더라도 어떤 식으로든 부산물들은 나오게 되어 있습니다. 이런 쓰레기들을 치우는 것이 교회개혁이요 기독교개혁입니다. 쓰레기나 부산물들이 많이 나온다고 공장이나 식당 문을 닫으라고 할 수는 없습니다. 열심히 하는 만큼 거기에 따라 나오는 부산물들이 나오는데 그것을 반드시 치워야만 유지가 가능해진다는 것입니다.

그런데 쓰레기 때문에 문을 닫으라고 할 수는 없지만 만약에 그 쓰레기를 오랫동안 치우지 않아서 공장보다 식당보다 몇 배나 더 커졌다면 어떻게 해야 하겠습니까? 그 정도가 되면 공장도 식당도 다 밀어버리고 새 공장이나 식당을 만들어야 하지 않겠습니까? 그것은 교회에 대한 심판이 될 것입니다. 지금 거의 가까이 왔습니다. 더 내버려두면 교회는 무너질 것입니다. 그것을 치우자고 저는 주장하고 있는 것입니다. 그리고 그것을 어떻게 치울 것인가를 고민하면서 대안을 만들고 있는 것입니다.

그 쓰레기나 부산물들이 바로 물질주의, 인본주의, 세속주의, 은사주의, 율법주의, 번영신학, 기복신앙 들입니다. 저의 책이나 글들 중에서 아주 작은 부분이 자신의 생각과 다르다고 해서 마음 문을 닫는 분이 계실 수 있습니다. 1~2%의 걸림돌 때문에 99%의 선한 뜻을 외면하시겠습니까? 그리스도를 시인하고 교회를 사랑하는 모든 사람들과 같은 길을 걷고 싶습니다.

하나님의 뜻이 아닌 것

어떤 사람이 하나님의 사람인가 또는 하나님의 뜻을 따르는가를 분별하기는 쉽지 않겠지만, 그 사람이 하나님의 사람이 아니거나 하나님의 뜻을 따르지 않고 있는지는 쉽게 분별할 수 있습니다. 그 사람이 일하는 과정을 보면 금방 구분이 됩니다. 왜냐하면 하나님은 선한 의도와 목적을 기뻐하시지만, 그 결과보다 우선적으로 보시는 것은 과정이기 때문입니다. 사람은 과정을 통하여 훈련받고 연단 받아 성장과 성숙을 이루어갑니다. 하나님은 일해 나가시는 거룩한 목적과 함께 그 일을 이루어나가시는 하나님의 고유한 방식이 있는 것입니다.

성도는 그 과정을 충실하게 겪으면서 (자기 십자가를 지고) 나아가지만 열매는 또한 하나님의 고유 영역입니다. 사람이 힘써 열매를 맺으려고 해도 하나님의 선하신 뜻과 계획 안에 거하지 않으면 열매는 결코 맺어질 수 없습니다. 사람들의 눈에는 일시적으로 성공한 것처럼 보일 수 있겠지만 그 성공은 곧 안개처럼 사라져버릴 수밖에 없게 되어 있는 것입니다.

그 사람이 하나님의 사람이 아닌지 혹은 그 일이 하나님의 뜻이 아닌지를 분별하려면 그 사람 혹은 그 일의 과정을 보면 되는데, 그것은 거짓을 사용하는지를 보면 분명해집니다. 그러니까 거짓을 사용하지 않는다고 해서 반드시 하나님의 뜻이라고 말할 수는 없겠지만, 만약에 거짓을 사용하고 있다면 그것은 하나님의 뜻이 아닌 것이 분명합니다. 왜냐하면 거짓이란 사탄의 가장 고유한 특징이기 때문입니다. 그러니까 거짓을 사용하고 있다는 것은 바로 사탄의 방식을 사용하는 것이기 때문에 하나님의 뜻이 아니라고 분명하게 말할 수 있다는 것입니다.

기독교는 목적을 위하여 수단을 정당화하지 않습니다. 오히려 목적보다 과정을 소중하게 여기는 가치관을 가지고 있습니다. 그래서 저는 아무리 그럴 듯해도 이 거짓을 이용하고 있는 사람 혹은 집단을 신뢰하지 않습니다. 그것은 하나님의 뜻이 아니니까요. 그런 사람들 혹은 집단은 원래 사탄의 앞잡이 노릇을 하고 있었거나 아니면 일시적으로 사탄의 종노릇을 하고 있다고 생각하는 것입니다.

사탄은 어차피 거짓의 아비입니다. 이단과 사이비는 전부 거짓을 기반으로 하는 사탄의 종교입니다. 말세에는 거짓 선지자들과 거짓 그리스도가 판을 치게 되어 있습니다. 맹세하지 말라는 이유는 그것이 거짓이 되기 쉽기 때문입니다. 특히 주의 이름으로 거짓 맹세하면 하나님을 욕되게 하는 것입니다. 하나님은 거짓말을 하실 수 없습니다. 그래서 제9계명에서는 "네 이웃에 대하여 거짓 증거하지 말라"고 하셨습니다. 성경은 처음부터 끝까지 거짓을 가장 싫어합니다. 그러므로 거짓을 행하거나 거짓에 편승하는 행위는 절대로 하나님과 관계없습니다. 그것은 전적으로 사탄의 앞잡이 노릇을 하는 것입니다.

이 시대에 거짓이 난무합니다. 거짓이 무엇입니까? 사실이 아닌 것을 사실처럼 교묘하게 퍼뜨리는 일입니다. 작은 허점을 침소봉대하여 확대시키는 것입니다. 확인되지 않았는데도 죄로 몰아붙이는 것입니다. 논란이 있으면 무조건 법에 고발하는 것입니다. 범죄의 혐의를 억지로 만들어내는 것입니다. 좋은 점을 숨기는 것입니다. 얼토당토않은 거짓을 진실처럼 유포하는 것입니다. 적대감을 증폭시켜 편 가르기를 시도하는 것입니다. 다른 사람에게 죄를 덮어씌우는 것입니다. 온갖 유언비어를 퍼뜨리는 것입니다.

조롱과 비방과 모욕과 참소와 욕설과 모함과 고소와 고발과 업신여김과 악의와 올무와 분쟁과 다툼과 시기와 수군거림은 전부 거짓과 한 통속이며 모두 사탄의 전투도구일 뿐입니다. 뿐만 아니라 이러한 모든 요소들을 확산시키거나 널리 퍼뜨리는 행위들도 똑같이 사탄의 종노릇에 해당된다는 사실을 알아야 합니다. 그리고 이러한 모든 거짓의 요소들을 알면서도 자기 목적을 위해 이용하거나 편승한다면 그 거짓된 행위들과 똑같이 사탄의 종노릇하고 있는 것입니다.

이 거짓은 자기 것을 지키기 위해서도 너무나 자주 사용되고 있고, 어떤 목적을 이루기 위해서도 너무나도 자주 애용되고 있습니다. 우리가 잘 알다시피 공산주의 정치는 이 거짓을 선전선동에 아주 적극적, 효과적으로 이용했습니다. 작은 세력으로 일시에 권력을 잡기 위해서 그보다 더 좋은 전략은 없다고 하겠지만 반드시 하나님으로부터 진멸을 당하게 되어 있는 것입니다. 반대로 우리는 탐욕으로 얻어진 것을 지키기 위해서나 불이익을 최소화하기 위해 거짓을 너무나도 그럴 듯하게 이용하는 경우도 수없이 많이 보아왔습니다.

어떤 목적을 위하여 거짓을 사용하거나 어떤 것을 지키기 위해 거짓을 사용한다면 그 어떤 목적이나 지켜야 할 어떤 것은 무엇이겠습니까? 그것도 역시 거짓입니다. 아무리 거룩을 포장하고 정의를 포장해도 거짓을 사용하는 것이 보인다면 그 거룩이나 정의도 거짓에 불과한 것입니다. 만약에 그 거룩이나 정의가 진실이라고 해도 거짓을 수단으로 사용할 때 거기에 하나님이 계시겠습니까? 거짓을 사용하면서 나라를 구해달라고 기도한들 그 기도가 응답되겠습니까? 거짓을 사용하면 1년 내내 철야기도, 금식기도 한다고 해도 응답되지 않습니다.

거짓과 관련된 말이나 행동이나 공감이나 퍼뜨림과 같은 것을 어떻게 분별할 수 있겠습니까? 다른 사람들의 거짓을 분별하는 것보다 자기 자신의 거짓을 분별하는 것이 더 쉬울지도 모릅니다. 주님 앞에 자기의 모든 생각을 내려놓고 정직하게 서 보십시오. 그러면 솔직하게 자신이 거짓의 편에 서 있는지를 분별할 수 있을 것입니다. 자신이 거짓을 수단으로 이용하는 편에 서 있다면 무조건 내려놓아야 합니다. 적어도 그 사안에 대해서는 판단을 버려야 합니다. 그것이 하나님께 정직한 사람, 복음 안에 신실한 신앙인의 태도일 것입니다.

그래서 저는 어떤 사람이나 어떤 그룹이나 어떤 사건을 볼 때 먼저 그들의 활동의 과정을 유심히 바라보려고 애를 씁니다. 아무리 그럴 듯하게 포장해도 거짓을 사용하는 편에는 절대로 설 수가 없습니다. 이해하려고도 하지 않습니다. 왜냐하면 그것은 사탄의 방법이기 때문입니다. 그것이 하나님의 뜻이 아닌 것을 분별할 수 있는 가장 정확한 방법이라고 저는 생각하고 있습니다. 양비론이 아니라 하나님 편이 되고 싶기 때문입니다. 연약하고 우둔하고 무능한 저의 생각이 아니라 말씀의 생각을 따라가고 싶기 때문입니다. 이것이 극도로 혼란한 이 시대를 분별하는 작은 불빛이라고 생각합니다.

행함과 행치 않음의 문제가 아닙니다

신앙의 선배들은 모두가 행함으로 인정을 받은 사람들입니다. 아무리 믿음이 좋아도 행함으로 드러나지 않는다면 하나님도 상을 주실 수가 없습니다. 그래서 우리의 신앙생활에서도 행함을 강조하지 않을 수가 없는 것입니다. 당연히 행함으로 우리의 믿음이 증명되어야 합니다. 하지만 행함과 행치 않음이 중요한 것이 아닙니다. 행함을 강조하면 믿음이 없이도 겉으로 행함을 보일 수 있습니다. 첫째는 억지 행함이 됨으로써 겉으로만 율법을 지키는 사람이 되거나 아니면 둘째로 자기자랑이나 공로를 내세우는 성도가 될 수도 있습니다. 교회생활을 열심히 하는 사람들 중에 이 두 가지 유형이 얼마든지 양산될 수가 있고 또 현실적으로 그런 성도들이 많이 존재하는 것이 사실입니다.

행함을 바른 믿음으로 인정받으려면 신앙의식이 따라와야 합니다. 신앙의식수준이 따라오지 못하는데 행함을 강조하면 의무적인 행함이나 사람에게 보이는 행함으로 흐르기 쉽기 때문입니다. 거꾸로 이야기하면 신앙의식수준이 올라오면 행함은 자연스럽게 따라오게 되어 있습니다. 의식이란 감정과도 통합니다. 외부의 자극이 왔을 때 마음으로부터 우러나오는 자연스러운 반응이 의식이기 때문입니다.

행함을 지나치게 칭찬하거나 행치 않음을 지나치게 나무라게 되면 모두가 율법주의로 흘러버리게 됩니다. 왜냐하면 모두가 사람을 의식하는 행위가 되어버리게 되기 때문입니다. 물론 행함의 원리나 근거를 가르치고 바른 행함을 제시해야 합니다. 행치 않음의 결과에 대해서도 이야기해야 합니다. 그러나 그 이전에 우리는 신앙의식수준을 높이는 일에 최선을 다해야 합니다. 누가 행함을 시켜서가 아니라 자신의 신앙의식을 따라 자연스럽게 행함이 나타날 때 그것이 참된 기독교의 모습으로 드러나기 때문입니다.

하나님께 진실하지 못한 행함이나 신앙인으로서 전혀 행치 않음의 근본원인은 신앙의식이 높지 못하기 때문입니다. 교회는 성도들의 신앙의식을 올리는 데 모든 힘을 쏟아야 합니다. 목회자들이든 성도들이든 자기 신앙의식 이상으로 행할 수는 없습니다. 문제를 일으키거나 손가락질을 당하는 지도자들이나 성도들은 자신으로서는 그것이 최상의 모습입니다. 신앙의식이 모자라기 때문인 것입니다. 심하게 말하면 그들이 잘못하는 것이 아니라 그들의 신앙의식이 잘못하는 것입니다. 그렇다고 당사자들이 아니라 신앙의식을 책망할 수는 없습니다.

신앙의식을 높여주려면 어떻게 해야 하겠습니까? 신앙의식을 높이는 훈련을 지속해야 합니다. 물론 성경통독이나 제자훈련이나 전도훈련이 반드시 필요합니다. 그러나 그와 함께 본질적인 신앙의식을 성경적으로 알려주는 작업을 꾸준히 해야 합니다. 사실은 그것이 더 복음과 가까우니까요. 참된 회개란 무엇입니까? 그리스도인의 진짜 정체성은 무엇입니까? 어떻게 하면 더 깊이 성화될 수 있겠습니까? 이웃과의 관계는 어떻게 설정해야 하겠습니까? 이웃사랑은 어떤 마음과 방식으로 해야 하겠습니까? 세상과의 관계에서 성경적인 입장은 무엇입니까? 아무튼 복음으로 세상을 사는 것이 무엇인가를 꾸준히 제시해야 합니다.

신학교도 교회도 이런 방향으로 나아가야 합니다. 제자훈련도 교회생활도 여기에 초점을 맞추어야 합니다. 얼마나 모이는가는 전혀 문제가 되지 않습니다. 오히려 바른 신앙의식 없이 많이 모인 것 때문에 교회가 비판을 받는 것이 아닙니까? 시간이 오래 걸립니다. 참된 정체성과 세상에 대한 복음적인 태도를 가진 훌륭한 그리스도인들을 꾸준히 배출해 내려면 바른 태도를 가진 지도자들이 바른 목적을 가지고 일관된 방향으로 함께 나아가야 합니다. 10년, 20년, 30년 후에 참된 그리스도인들이 한국 교회를 바꾸어나가는 그런 날을 꿈꾸어봅니다.

지금 잘하고 계십니다

본이 될 만하고 칭찬받을 만하고 모델이 될 만합니다. 그렇게 하셔야 합니다. 그런 분들이 많이 나타나야 합니다. 저도 그런 소리를 듣고 싶었습니다. 적어도 "나라도 잘하자."는 마음을 가졌었습니다. 그런데 지금 잘하고 계신 분들이 많아도 우리의 교회들을 생각할 때 20년, 30년 후에는 어떻게 될까를 생각할 수 있어야 합니다. 지금도 이미 세속화되어서 교회가 온갖 비난을 듣고 있는데 30년 후에는 어떻게 되겠습니까? 기독교가 더 쇠락하면 했지 더 부흥되지는 못할 것입니다. 현재의 서구교회가 되어 있을 것은 뻔한 상황이 아니겠습니까? 물론 개인적으로나 개교회로는 하나님께 칭찬받을 수 있습니다. 그러나 우리의 몸인 교회, 기독교가 쇠락하는 그 책임을 면할 수는 없을 것입니다.

도대체 왜 그렇게 되어야만 할까요? 복음은 여전하고 말씀은 그대로 살아있는데 왜 교회는 그렇게 사라져가야만 하는 것일까요? 그 원인이 어디에 있을까요? 다음세대를 살리기 위해 애를 많이 쓰고 또 당연히 그래야만 하지만, 지금 우리들이 행하는 목회와 신앙생활을 반복한다면 아무리 잘한다고 해도 그 다음 세대가 30년 후에 무엇을 할 수 있겠습니까? 결국 똑같은 현상을 반복할 뿐이 아니겠습니까?

지금 잘하고 있는 것을 뛰어넘는 근본적인 시도가 있어야만 합니다. 지금 하고 있는 것을 더 잘하자가 아니라 지금 하고 있는 것을 뛰어넘는 더 분명한 뿌리를 찾아가야 하겠다는 것입니다. 그 뿌리를 찾지 못하면 더욱 더 급속도로 교회는 쇠락해갈 것입니다. 남아있는 그루터기를 찾아야 합니다. 썩은 뿌리 위에 일시적으로 잡초가 무성할 수는 있겠지만, 그것은 곧 사라져버릴 것들입니다.

우리가 무엇을 할 수 있다고, 무엇인가 이룰 수 있다고 생각하는 것이 아닙니다. 이미 초대교회에서부터 제시되어 있는 신앙의 뿌리를 찾아야 한다는 말입니다. 아니, 사실은 찾을 필요도 없어요. 조금만 더 관심을 가지고 말씀을 들여다본다면 누구라도 찾을 수가 있습니다. 특별한 사람만이 이것을 할 수 있는 것이 아닙니다. 다만 그런 시각을 가지지 못하고 있기 때문입니다. 뛰어난 분들이 너무나도 많습니다. 다만 그 뛰어난 실력을 진정으로 교회의 미래를 위해 사용할 줄 모른다는 것입니다.

지금 너무나도 평화롭습니다. 너무나도 한가해 보입니다. 너무나도 자기만족에 취해 있습니다. 똑똑하고 실력 있는 분들은 분석을 잘 합니다. 그런데 대안을 제시하지 못합니다. 교회개혁이요? 교회의 제도나 내규들을 고친다고 개혁이 되겠습니까? 물론 도움이 될 것이고 교회개혁도 분명히 필요합니다. 그러나 사람을 변화시키지 못하고 어떻게 개혁이 이루어지겠습니까? 또 다른 형태의 부족한 교회를 만들 뿐입니다.

잘하고 계시지만, 초점은 성도들의 변화입니다. 물론 목회자의 변화도 분명히 포함되어야 합니다. 목회자가 변화되지 못하고 성도를 변화시킬 수는 없습니다. 이 변화에 목숨을 걸어야 합니다. 목회자가 변화되지 못하니까 성도를 변화시킬 생각조차 하지 못하는 것입니다. 목회는 오로지 변화에 모든 것을 걸어야 합니다. 그러면 성도들도 변화의 욕구를 가지게 됩니다.

성도들을 아무리 많이 모아 보십시오. 다 마치고 나면 별로 남는 것이 없습니다. 그러나 성도들을 진정한 예수님의 제자들로 성장시키고 변화시킨다면 그 공로는 저 하늘에 무궁하게 쌓일 것입니다. 지금 신실한 성도들이 더 자랄 곳이 없어서 영적으로 아우성입니다. 갇혀 있습니다. 얼마든지 자유롭게 하나님의 사랑을 마음껏 세상에 펼칠 수 있는데 더 이상 자랄 곳이 없어서 다 멈추어 있습니다.

지금 잘하고 계십니다. 거기에서 초점을 조금 더 움직여서 성장, 변화에 모든 초점을 맞추십시오. 어디까지 변화시키느냐고요? 그리스도의 장성한 분량에까지 자라도록 초점을 맞추어야 합니다. 지도자들도 거기에까지 자라는 데 모든 심혈을 기울여야 합니다. 지금 잘 하고 계시지만, 훨씬 더 잘 할 수 있습니다. 아니, 더 잘 해야 합니다. 변화의 신앙생활, 변화의 목회, 변화의 기독교에 모든 것을 걸 수 있으면 너무나도 좋겠습니다.

가능성

자신이 지금 목회나 다른 사역이나 신앙생활을 잘하고 있다고 생각하는 사람은 하나님께서 사용하실 가능성이 매우 적은 사람입니다. 왜냐하면 자신이 부족하다고 생각해야 하나님께 매달리고 기도하면서 자신에 대한 하나님의 뜻을 살필 텐데 그런 것 없이 다 잘하고 있다고 생각한다면 하나님을 의지하지 않게 되기 때문입니다.

반면에 자기가 지금 하나님의 일을 제대로 감당하고 있지 못하다고 생각하는 사람은 하나님께서 사용하실 가능성이 오히려 높은 사람일 것입니다. 당연한 이야기지만 자기의 부족함을 자주 느끼는 사람은 자주 하나님의 뜻을 물을 것이고 자기의 부족함이나 연약함 때문에 늘 상한 심령이 되어 하나님을 의지하려고 하게 되기 때문입니다.

그런데 자신에 대해서 자부심을 느끼는 사람이든 늘 부족함을 느끼는 사람이든 공통점은 하나님의 일을 최선을 다해 감당하려고 하는 사람들이라는 것입니다. 그렇지 않은 사람은 자기가 잘 하고 있든지 못하고 있든지 도무지 관심이 없는 사람에 속할 것입니다. 그저 주어진 일을 특별한 열심 없이 그때그때 닥치는 대로 감당하는 사람이기 때문입니다. 그렇다고 이런 사람들이 나쁘다거나 무가치하다는 뜻은 절대 아닙니다. 왜냐하면 이런 사람들이 구석구석에서 하나님의 일을 감당하고 있기 때문입니다.

그런데 특별한 열심 없이 하나님의 일을 주어진 그대로 행하는 사람들에게 특별한 기회가 주어질 때가 있습니다. 고난이나 어려움이나 실패 등을 당할 때가 바로 그런 때인데 이때 하나님께서 사용하실 가능성이 갑자기 높아집니다. 이것은 아주 좋은 기회입니다. 하나님을 온전히 붙잡게 되고 의지하게 되고 기도하게 되기 때문입니다. 만약에 이런 기회를 흘려보내거나 눈치조차도 채지 못하고 지나가버린다면 그 사람은 자기가 아주 잘 하고 있다고 생각하는 사람보다 하나님께서 사용하실 가능성이 더 없어지게 됩니다.

사역이든 신앙생활이든 신앙의 기초는 하나님을 얼마나 의지하는가에 달려있습니다. 그런데 그 의지는 어떤 특정한 일에 대해서 뿐만이 아니라 우리 삶의 전 영역에 걸쳐서 빈번하게 일어나야 하는 생명과도 같은 것입니다. 하나님을 의지하지 않고는 우리는 그 어떤 일에서도 하나님의 마음에 맞는 사람이 될 수 없습니다. 하나님의 마음에 맞는다는 말은 하나님을 전적으로 의지한다는 뜻입니다. 그 중에서 하나님을 항상 의지하는 사람은 자신의 부족함과 연약함과 무능함을 늘 느끼는 사람이고 하나님은 그런 사람을 사용하실 가능성이 가장 큰 것입니다. 하나님을 의지하지 않고 어떻게 하나님의 일을 충실하게 감당할 수 있겠습니까?

자기가 하나님의 일을 잘하고 있다고 생각하는 사람은 빨리 그런 생각을 버리거나 그 자리를 버리고 하나님의 뜻을 다시 물어야 하고, 자기가 하나님의 일을 충분히 하고 있지 못하다고 생각하는 사람은 하나님의 평안을 구하여 그것을 누리면서 하나님을 의지해야 하며, 특별한 느낌 없이 그때그때 일을 하고 있는 사람은 기회가 주어졌을 때 하나님을 전적으로 의지하는 계기로 삼아 하나님께서 요긴하게 사용하시는 삶을 살아야 할 것입니다. 하나님께서 사용하실 가능성이 큰 사람이 되는 것이 그리스도인의 삶의 목표가 되어야 할 것입니다.

일보다 관계입니다

저는 일 중심적인 사람입니다. 어떤 일에 파묻히면 그 일을 향하여 돌진하고 열정적으로 추진하며 밤낮없이 연구하고 방법을 생각해내고 물불을 가리지 않고 매달리게 됩니다. 평소에는 거의 소극적이기 때문에 사람들은 별로 특징 없는 사람으로 여기다가 어떤 일에 집중하는 모습을 보고 놀라고는 합니다. 이런 모습은 제가 선택한 성격도 아니고 하나님으로부터 주어진 기질입니다. 외적인 성격은 혹 바뀔 수 있어도 기질 자체는 변하지 않습니다. 주어진 은사와 기질대로 하나님의 영광을 위해서 살면 됩니다.

그리스도인들 중에 사역이나 삶 자체를 이렇게 일 중심적으로 행하는 사람들이 많이 있을 것입니다. 아니, 우리나라 기독교계는 거의 일 중심적으로 돌아가는 것이 아닐까 싶습니다. 곧 성과나 결과에 모든 초점을 두고 사역하는 경우가 대부분일 것이라는 말입니다. 그것은 마치 기업을 하는 원리와 동일할 것입니다. 어떤 규모의 사역이든 대부분 이렇게 결과 중심적으로 나갈 것입니다. 왜냐하면 작든 크든 성과를 지향하는 것은 똑같기 때문입니다.

그런데 이런 성과 중심, 결과 중심이 교회와 성도들을 망친다는 사실을 아십니까? 이런 성과 중심이 축복, 번영, 기복을 낳게 만드는 것은 아주 자연스러운 결과일 것입니다. 목회자들도 성도들도 모두가 크고 많고 높고 넓은 무엇인가를 추구하고 지향하고 목표로 삼고 달려가기를 원하고 있습니다. 이것은 기질적인 면에서의 일 중심적인 모습과는 상당한 차이가 있습니다. 일 중심적인 사람이라도 결과 중심이 아니고 그 가운데에서 관계를 추구할 수 있습니다. 반면에 사람 중심적인 사람이라도 얼마든지 성과위주의 사역을 추구할 수도 있습니다. 일에 집중하여 추진하더라도 초점과 방향만 잃지 않으면 얼마든지 관계 중심적인 사역을 감당할 수 있습니다. 기질이 아니라 의식에 따라 달라질 것입니다.

그리스도인은 삶 자체가 관계 중심적이어야 합니다. 예수님도 항상 관계 중심적이셨습니다. 잃어버린 한 마리 양을 찾기 위해, 곧 관계를 잃지 않기 위해 아흔아홉 마리의 양을 버려두고, 곧 성과에 얽매이지 않고 들판을 헤매는 것입니다. 관계를 회복한 다음에는 친구들과 잔치를 벌입니다. 그리스도인은 관계로 둘러싸여 있습니다. 하나님과의 관계, 이웃과의 관계, 교회와의 관계, 세상과의 관계, 가족과의 관계 등 관계를 빼면 삶이 이루어질 수가 없습니다. 결과나 성과 위주의 삶이 되면 이런 관계들이 거의 실종될 수밖에 없습니다.

흔히들 '하나님의 일, 하나님의 일' 하고 입버릇처럼 말하지만 하나님은 일을 원하시는 것이 아닙니다. 일은 하나님이 하십니다. 단, 관계가 정상화되었을 때에 그렇게 하십니다. 관계가 바로 세워지지 않은 채 일에 집중하게 되면 하나님과 전혀 관계없는, 전혀 쓸모없는 성과가 될 뿐입니다. 주님께서 나는 너를 모른다고 하시게 된다는 말입니다. 이 관계는 특별해서 가장 중요한 하나님과의 관계를 원활하게 만들기 위해서 하나님과의 관계에 집중하는 것이 아니라 사람과의 관계, 세상과의 관계를 통하여 만들어가야 합니다. 하나님과의 관계를 친밀하게 가지기 위해서는 교회나 기도원이 아니라 이웃에게 다가가고 섬기고 나누고 세상에서 빛과 소금의 기능을 감당할 수 있어야 한다는 말입니다.

주님의 일을 한다면서 사람을 소중하게 여기지 못한다면 주님 앞에서는 아무 것도 아닌 사람이 될 뿐입니다. 이웃들과의 관계뿐만 아니라 성도들이나 사역자들이나 단체의 동역자들과의 관계도 똑같습니다. 교회나 선교회의 일을 한다고 그 일에 파묻히게 되면 자꾸 사람들과 부딪치거나 크고 작은 상처들을 서로가 입을 수밖에 없게 됩니다. 우리는 주님의 일이 아니라 그냥 하나님 앞에 서있는 사람들입니다. 어떤 사람이 하나님의 일을 하는 데 약간의 도움은 될 수 있을지 몰라도 그렇다고 하나님의 일이 더 크게 이루어지는 것도 아닙니다. 그리스도인들은 어떻게 하든지 사람을 살리고 세우고 격려하고 도와주고 하나님 앞에 서 갈 수 있도록 마음과 뜻과 힘을 다하는 사람들입니다. 사람을 세우는 것이 하나님을 목숨을 다해 사랑하는 길이라는 사실을 잊지 말아야 하겠습니다.

경남 어느 지역에서 살고 있는 지인과 전화통화를 좀 했습니다. 그는 과거에 서울에 있을 때에는 교회에서 신앙생활을 했었지만 현재는 교회에 다니고 있지 않습니다. 소위 가나안 신자입니다. 그래서 간혹 통화할 때마다 교회를 정해서 나가라고 지속적으로 권면하고 있는 중이었습니다. 그 동안은 교회에 나가지 않는 이유를 얼버무렸는데, 이번 통화에서 보다 분명한 이야기를 듣게 되었습니다.

전화를 할 때마다 교회 담임목사 핑계를 대곤 했었는데 저는 자기 시각에서 목회자나 설교자를 비판하는 줄로만 생각하고 있었습니다. 그런데 이번에 두세 가지 정도를 이야기하는데 제 생각에는 참 한국교회가 심각하다는 점을 더 크게 깨닫게 되었습니다. 고향에 내려간 후 처음에는 1~2년씩 어느 교회에 출석했는데, 어느 목사는 설교 중에 예수님의 신성을 의심하는 듯한 이야기를 가끔 하더라는 것입니다. 믿음이 깊지 않은 사람의 귀에도 그것이 심각하게 느껴져서 잘 다니던 교회출석을 중단했었다는 것입니다. 또 다른 교회에서는 성경말씀 중에 잘못 기록된 부분이 있다고 하는 이야기를 가끔 언급했다는 것입니다. 물론 성경

비평적인 이야기를 가감 없이 하다가 보면 성도들에게 그렇게 들릴 수도 있을 것입니다. 하지만 일반 성도들의 귀에 성경이 잘못되었다는 식으로 이야기하게 되면 믿음이 약한 성도들은 많이 흔들릴 수도 있을 것입니다.

또 한 교회에는 2~3년 동안 잘 다녔고 담임목사와의 관계도 원만했었다고 합니다. 그런데 이 목사님은 설교 중에 기적과 은사 이야기를 자주 하는데 특히 어디에선가 집회 중에 이빨이 금이빨로 바뀌었다는 이야기를 할 때 이 친구의 마음이 완전히 떠났다고 합니다. 기적을 이야기할 수는 있지만 성도의 삶에 대해서는 이야기를 잘 하지 않으면서 금이빨 이야기를 자주 하는 것 때문에 도저히 지속적으로 교회에 출석할 수 없었다고 했습니다. 더구나 어느 교회에 출석하기 시작하면 무슨 일이 생겼을 때 교회 출석을 중단하기가 또 너무 힘들어서 지금은 다시 교회에 출석하는 일을 거의 포기하고 있는 상태라고 했습니다.

한국교회의 문제점은 도덕적인 해이나 세상에서의 행함이 빠진 신앙생활의 결과라고들 이야기를 많이 합니다. 분명히 핵심적인 원인 중의 하나입니다. 그런데 이번에 이 친구와 통화하면서 원인은 또 다른 데에도 있었다는 점을 다시 느끼게 된 것입니다. 물론 크게 보면 한 테두리 안에 있는 이야기들입니다만, 문자주의를 비판하지만 인본주의, 문서주의가 오히려 더 큰 문제가 될 수 있다는 점, 그리고 은사주의와 번영신학의 폐해 등을 다시 한 번 생각하게 된 것입니다.

이 친구(40대 중반)가 사는 지역이 군 단위의 지방인데도 그 속에서 이런 폐해를 엿볼 수 있었다면 한국 교회 전체적으로는 훨씬 더 위험한 일들이 매주 벌어지고 있으리라는 생각이 듭니다. 가나안 성도가 양산되는 이유가 복음의 본질과 능력을 다 잃어버린 결과라면 그 본질을 급속하게 허물어뜨리는 잘못된 사상들이 한국교회를 좀먹고 있는 것입니다. 이단의 문제가 아니라 이단적인 사상으로 무장한 채 복음의 탈을 쓰고 활개 치는 그런 현상이 너무나도 난무하는 현실입니다.

이 모든 현상들은 영적 대결인 것을 알아야 합니다. 거짓과 올무와 속임수가 양의 탈을 쓴 이리처럼 진실로 포장하고 교회를 공격해대고 있습니다. 영적싸움을 싸운다면서 정작 사탄이 아니라 스스로를 공격하는 그런 모습들을 너무나도 자주 대하고 있습니다. 겉으로 드러나는 영적 공격이 심각하고 위급한 시대입니다만, 그 밑바탕이 바로 자유주의, 문서주의, 은사주의, 번영주의 등이라는 것을 다시 한 번 심각하게 깨닫게 되었습니다. 모든 것이 복음의 일부이지만 그런 부분들이 인간중심의 바벨탑을 쌓는 데 사용된다면 단호하게 배격해야 할 사탄의 사상임이 분명합니다. 교회 밖의 이단보다 훨씬 더 무서운 교회 내의 교묘한 책략들을 잘 분별할 수 있어야 하겠습니다.

신앙개혁이나 신앙갱신이나 신앙회복이나 다 똑같은 뜻입니다. 말로 하는 것이 아니라 썩은 풀을 하나라도 뽑아내야 합니다. 더러운 찌꺼기를 걷어내야 합니다. 행동으로 시작해야 합니다. 수원지의 상황은 분석하지 않아도 한눈에 알 수 있습니다. 지시하는 사람이 아니라 직접적으로 힘을 보태는 사람들이 많아져야 합니다.

신앙개혁, 신앙회복 없이 아무리 하천을 정비하고 썩은 물풀들을 걷어내도 소용이 없습니다. 신앙회복이 이루어지는 만큼 개울은 깨끗해지게 되어 있습니다. 신앙개혁운동, 실천적인 신앙회복 대안들을 연구하고 제시하고 스스로 실천해야 합니다. 뜻있는 신앙지도자들이 하나로 힘을 합쳐 신앙회복운동에 최선을 다하기를 정말 간절하게 바랍니다.

충분한 복음으로 충만해지는 길
오직 변화를 위하여

3부 개혁과 회복을 위하여

복음의 수원지를 찾아서

여러 마을의 주민들이 식용으로 사용하는 개울이 있었습니다. 이 개울이 그 동안 맑은 물을 제공하고 있어서 음식이나 음료를 만들 뿐 아니라 빨래나 목욕물로도 잘 사용하고 있었습니다. 개울이 흐르는 몇몇 마을 사람들에게는 이 개울이 생명수의 역할을 톡톡히 하고 있었습니다.

그런데 언제부터인지 명확하지는 않지만 개울물이 약간씩 흐려지더니 10여 년 전부터는 개울물을 그냥 먹을 수 없을 정도로 오염되기 시작했습니다. 그래서 주민들은 물을 끓여 먹기 시작했고, 빨래나 목욕을 하기 위해서 물을 받아두었다가 불순물을 가라앉히고 나서 사용할 정도가 되었습니다. 그러더니 한두 해 전부터는 오염도가 더 심해져서 이제는 그 물을 생활용수로 사용할 수 없을 지경에까지 이르렀습니다. 그래서 이제는 빗물을 받아서 사용하기 시작했고 마실 물은 다른 마을들에서 길어서 먹기 시작했습니다.

이미 오래 전부터 이러한 상황을 걱정하는 사람들은 많았지만 주민들의 뜻을 모으지는 못했고, 일부 주민들이 몇몇 사람들을 설득하여 그 원인과 대책을 논의하기에 이르렀습니다. 그들이 우선 결정한 것은 개울가를 깨끗하게 정비해 보자는 것이었습니다. 굽이굽이 흐르는 개울들의 흐름이 멈추어 있는 구석 부분들에서 오염이 시작되었을 것이라고 생각했습니다. 실제로 곡괭이와 삽을 들고 상류로 거슬러 올라가자 곳곳에서 흐름이 멈추어 있는 후미진 곳이 있었고 거기에는 어김없이 물찌꺼기나 식물이 썩은 것, 심지어는 죽은 새가 떠 있는 곳도 있을 지경이었습니다. 열심히 썩은 것들을 걷어내고 돌멩이를 가져다가 메우고 하여 물의 흐름을 조금은 원활하게 만들었습니다. 그리고 물이 맑아졌는가를 점검하기 위해 부지런히 마을로 내려왔습니다. 하지만 물은 조금도 맑아지지 않았습니다.

이번에는 다른 사람의 의견에 귀를 기울였습니다. 구석진 곳에 고인 물 때문이 아니라면 개울 물 속에 많이 자라 있는 식물들을 다 걷어내면 물이 깨끗해질 것이라는 이야기였습니다. 실제로 물이 오염되지 않은 곳에는 이끼라든가 부유물이 없고 물속 식물도 더러워지지 않은 것은 사실이었습니다. 그래서 바지장화를 구해서 몇몇 사람들이 그것을 신고 손에 손에 낫을 들고 상류로 거슬러 올라가면서 물속의 부유물이나 오염된 식물, 물이끼 같은 것들을 열심히 제거하는 작업을 했습니다. 그렇게 열심히 땀을 흘리고 또 물이 어떻게 되었나 확인하기 위해 부지런히 마을로 내려왔지만, 수고의 보람도 없이 물은 오염된 그대로였습니다.

이제는 방법이 없었지만 또 다른 사람이 의견을 내놓았습니다. 물이 오염되면서 청정수에만 사는 물고기나 다른 생물들이 거의 사라져버렸는데, 깨끗한 물에 사는 물고기들을 다른 강에서 잡아다가 상류에 풀어놓으면 물이 맑아질지도 모른다는 의견이었습니다. 과거 같으면 무시되었을 의견이었지만 워낙 사안이 중대하기 때문에 그 주장은 그럴 듯하게 들렸습니다. 그래서 평소에 천렵을 좋아하는 사람들이 모여 다른 지역의 개울을 찾아가서 1급수에서만 서식하는 물고기들과 다슬기 등까지도 잡아올 수 있었습니다. 그래서 상류로 올라가서 그 물고기들과 생물들을 다 풀어놓았습니다. 그리고 큰 기대감을 가지고 마을로 돌아왔습니다. 하루아침에 맑아지는 것은 아니라고 생각하면서 닷새 후에 확인해보자고 하였습니다. 그러나 다음 날 아침에 되자 상류에 풀어놓았던 물고기들이 죽은 채로 떠내려 오는 것을 발견하였습니다. 이것도 실패였습니다.

그 동안 나이 많아 거동을 힘들어하던 몇몇 어르신들이 몇 마디씩 하곤 했었습니다.

"그거 상류로 올라가서 수원지를 봐야 해. 수원지에 가서 확인해봐야 왜 물이 오염되는지 알 수 있는 거야."

사람들은 혼자 중얼거리듯이 말씀하시는 어르신들의 불분명한 말에 귀를 기울이지 않았습니다. 동네 늙은 어르신들은 상류 꼭대기에 있는 수원지에 가보아야 한다는 사실을 잘 알고 있었지만 앞장서서 이끌어갈 힘도 없고 젊은 사람들을 지휘해서 직접 가 볼 수도 없었습니다. 그런데 마을 사람들이 물을 깨끗하게 하겠다고 나서서 연거푸 실패해서 실의에 잠겨있을 때, 늙은 어르신 한 분이 수원지로 올라가 보라는 흐릿한 말씀을 한 것을 기억해낸 젊은이가 한 사람 있었습니다.

"우리 한 번 수원지에 올라가보죠. 혹시 오염된 원인을 알 수 있을지도 모르잖아요?"

주민들은 이제는 해 볼 도리도 없고 해서 혹시나 하는 마음으로 상류로 상류로 거슬러 올라갔고, 마침내 수원지라고 불릴 만한 저수지 같은 곳에 도착했습니다. 개울물의 100%는 아니지만 이 저수지에서 거의 70% 이상이 마을을 향해 흐르고 있는 중요한 상수원이었습니다. 축대로 쌓여 있는 저수지 둔턱으로 올라서는 순간 주민들은 넋을 잃고 말았습니다. 저수지 물이 흐릿하게 죽어가고 있었던 것이었습니다. 주민들은 두 패로 나뉘어서 양쪽으로 흩어져 저수지 주변을 면밀하게 훑어보기로 했습니다.

왼쪽으로 간 패는 몇 가지 오염 원인을 찾아낼 수 있었는데 하나는 돼지 농장이었습니다. 돼지 배설물들과 썩은 음식물들이 도랑을 따라 그대로 수원지로 흘러들어가고 있었습니다. 오른쪽으로 간 패는 무슨 공장을 발견했는데 공장에서 흘러나오는 푸르른 색의 액체가 도랑을 따라 수원지에 그대로 흘러들어가고 있었습니다. 그리고 양쪽 모두 중간 중간에 쓰레기들이 저수지 물가에 쌓여 있어서 거기에서 직접 썩은 물이 흘러들어가고 있었고, 심지어 짐승들이 물가로 물을 먹으러 왔다가 똥을 싸놓고 목욕한 자국들이 발자국들과 함께 넓게 펼쳐진 진흙구덩이들도 군데군데에 만들어져 있었습니다. 뿐만 아니라 사이사이에 도랑 같은 것들이 많이 있었는데 그 도랑을 통해서도 생활하수들이 그대로 저수지로 흘러들어가고 있었습니다. 수원지 물이 깨끗해질 수가 없는 환경이었습니다.

이제 분명해졌습니다. 선발대로 올라갔던 주민들이 다시 마을로 돌아와서 필요한 기구들을 챙기고 보충인원들까지 총동원하여 수원지로 향했습니다. 우선 돼지농장을 찾아가서 농장 주인에게 분뇨 처리를 확실하게 할 것을 요구했습니다. 두세 사람 정도가 찾아왔으면 농장주인도 거세게 나왔을 것이지만 열댓 명이 찾아가서 압력을 가하니까 순순히 정리하겠다고 약속했습니다. 다른 한 패는 공장으로 찾아가서 깨끗하게 처리해 줄 것을 요구하였고, 공장 사장도 거의 20여명이 찾아와서 압박하니까 순순히 그렇게 하겠다고 약속했습니다. 그 날은 일단 마을로 돌아왔습니다. 다음 날 아침이 되어 개울로 나가보았더니 어제보다는 많이 깨끗해진 물을 발견하고 매우 기뻐했습니다. 단지 하루 동안만 돼지 오물과 폐수를 막았을 뿐인데 효과는 엄청났던 것입니다.

주민들은 구체적으로 계획을 세우고 준비해서 거의 보름 정도 작업을 해나갔습니다. 돼지농장과 공장의 일도 조금씩 도와가면서, 몰래 버리던 쓰레기들도 한 곳에 모을 수 있도록 작업을 했고, 숲속 짐승들이 뻘처럼 만들어놓았던 진흙구덩이들도 거의 제거할 수 있었습니다. 그리고 짐승들이 물을 먹던 곳에는 목책을 만들어서 물만 먹을 수 있도록 정비를 잘 해 놓았고, 수원지로 흘러들어오던 생활하수들도 다시 정비하여 더 이상 더러워지지 않게 만들어 놓았습니다. 그리고 보름 정도의 고된 작업을 마치고 다시 마을로 돌아오는 주민들은 이제는 살았다고 하는 안도감과 함께 저마다 콧노래를 부르면서 가벼운 발걸음으로 돌아오게 되었습니다. 그리고 개울물은 다시 깨끗하게 되었고, 1급수 물고기들은 다시 돌아와서 맑은 물속에서 헤엄치고 있었습니다.

이 비유의 이야기는 기독교 복음, 기독교 신앙에 대한 이야기입니다. 개울은 말할 것도 없이 기독교 전체를 뜻합니다. 그것은 기독교인들의 삶의 모습들입니다. 개울물이 오염되어 있는 것은 기독교가 더러워져 있고 오염되어 있다는 것을 뜻합니다. 개울물을 맑게 만드는 일은 '기독교를 개혁'하는 일입니다. 어떻게 하면 맑은 물이 흐르게 하여 주민들에게 생명수를 공급하고 유익을 끼치고 영향력을 회복할 수 있을까요?

개울가를 보수하고 정비하는 일은 '교회개혁'을 뜻합니다. 개울가를 정비하는 일은 언제인가는 해야 될 일이지만 우선순위에서는 밀릴 수밖에 없습니다. 일부분 긍정적인 부분도 있지만 오히려 더 혼란스러운 면도 많이 있습니다. 물속에 있는 식물들이나 이끼처럼 더러운 부분을 치우는 것은 '윤리도덕운동'을 뜻합니다. 사실 더러운 물에서 사는 식물들은 물이 깨끗해지면 저절로 사라지게 되어 있습니다. 이것 역시 전혀 효과가 없는 것은 아니지만 오염된 것을 전부 치울 수도 없거니와 힘만 많이 들었습니다.

1급수 물고기들을 개울 상류에 풀어놓는 것은 순서가 많이 뒤바뀐 것입니다. 물이 깨끗해지면 오지 말라고 해도 깨끗한 물고기들이 올라오게 되어 있습니다. 1급수 물고기들은 상황을 따라 생긴 신학사조들을 뜻합니다. 자유주의신학, 해방신학, 민중신학, 빈민신학, 그리고 요즘에는 공공신학까지 나왔습니다. 그 의미야 물론 분명하지만 개울물을 깨끗이 하는 일, 곧 기독교를 기독교 본래의 모습으로 회복하는 일에는 큰 영향을 끼치지 못했습니다. 이러한 방법들과 조처들은 나름대로 의미 있는 부분들이지만 개울 물을 깨끗하게 하기 위한 근원적인 방법들은 되지 못했습니다.

개울을 깨끗하게 만들기 위해서는 수원지로 올라가야 합니다. 수원지에 올라가니 돼지농장이라는 기복신앙, 물질주의가 침투해 있었습니다. 공장이라는 성공주의, 번영신학이 자리 잡고 있었습니다. 들짐승들의 진흙구덩이와 같은 세속주의, 쾌락주의도 흘러들어와 있었습니다. 쓰레기더미와 같은 인본주의, 영적 혼탁이 쌓여 있었습니다. 생활하수와 같은 자기중심, 이기주의적 신앙이 날마다 흘러들어오고 있었습니다. 순수 신앙을 흐리게 만들어버리는 이런 것들을 조금씩이라도 하나씩하나씩 해결해 나가야 합니다. 한꺼번에는 안 되겠지만 뜻있는 분들이 이런 작업들을 지도해 나가야 합니다.

이것은 바로 신앙개혁운동입니다. 신앙개혁이나 신앙갱신이나 신앙회복이나 다 똑같은 뜻입니다. 말로 하는 것이 아니라 썩은 풀을 하나라도 뽑아내야 합니다. 더러운 찌꺼기를 걷어내야 합니다. 행동으로 시작해야 합니다. 수원지의 상황은 분석하지 않아도 한눈에 알 수 있습니다. 지시하는 사람이 아니라 직접적으로 힘을 보태는 사람들이 많아져야 합니다. 신앙개혁, 신앙회복 없이 아무리 하천을 정비하고 썩은 물풀들을 걷어내도 소용이 없습니다. 신앙회복이 이루어지는 만큼 개울은 깨끗해지게 되어 있습니다. 신앙개혁운동, 실천적인 신앙회복 대안들을 연구하고 제시하고 스스로 실천해야 합니다. 뜻있는 신앙지도자들이 하나로 힘을 합쳐 신앙회복운동에 최선을 다하기를 정말 간절하게 바랍니다.

(『그리스도인의 회복 : 정체성』, 2020, 기독교신앙회복연구소)

30년 후의 한국교회

30년 후의 한국교회를 생각해 보셨나요? 지금 이런 상태로 계속 간다면 과연 어떤 일이 일어날까요? 교회가 줄어드는 것은 불을 보듯이 확실합니다. 성도들도 줄어드는 것은 물론이고 남겨진 성도들조차 세속화, 종교화된 신앙인이 되어 있을 것입니다. 한국사회에서 교회를 바라보는 시선은 얼음장처럼 차갑지 않을까요? 한국교회는 대한민국에서 아무런 역할도 찾지 못한 채 생존 및 존재를 위한 힘겨운 숨을 쉬고 있지나 않을까요? 그런 와중에서도 일부 교권주의는 더욱 기승을 부릴 것입니다. 종교다원주의는 복음과 우상종교를 뒤범벅으로 만들어버릴 것이고, 동성애(로 인하여 대립하는) 문제, 이슬람 대책은 한국 교회를 질식시킬 것입니다.

어쩌면 통일이 되어 있을 수도 있고 아닐 수도 있지만 과연 자유대한민국의 기치 아래 남북이 통일될 수 있을까요? 어쩌면 하나님의 뜻보다는 사람의 사상이 지배하게 될지도 모르고요. 이런 여러 가지 일들을 생각하면 참으로 우울합니다. 하지만 한국교회는 현재 백약이 무효입니다. 한국교회에 먹일 신앙의 장생불로초가 어디 없을까요?

물론 하나님께서 이대로 내버려두지 않으실 수도 있습니다. 그러면 하나님께서 이런 상황을 고치시기 위해 어떤 일을 하실까요? 하나님은 분명히 한국교회를 치실 것입니다. 그것이 하나님의 백성을 고치시는 하나님의 치료방법이었으니까요. 물론 7,000명의 신실한 신앙인들이 남겨질 것입니다. 그들 때문에 하나님의 징계가 다소 헐거울 수는 있을 것입니다. 그렇다고 해서 그들 때문에 한국교회를 내버려두지는 않으실 것입니다. 하나님의 징계도 두렵지만 우리의 무기력함이 더욱 두렵습니다.

만병통치약이 있다면 그것은 결국 말씀인데, 지금 이대로의 그 말씀만 가지고는 어림도 없습니다. 말씀이 없어서 오늘날 이렇게 된 것은 아닙니다. 말씀은 말씀인데 살아있는 생명의 말씀이어야 합니다. 말씀이 말씀 되게 하려면 말씀이 살아있게 해야 합니다. 말씀이 살아나게 되려면 말씀을 행해 보아야 합니다. 말씀이 행함으로 표출될 때 그 말씀은 생명력 넘치는 말씀이 되는 것입니다.

한국교회에 말씀이 없습니까? 신학이 없습니까? 제자훈련이 없습니까? 섬김과 나눔이 없습니까? 축복이 없습니까? 각종 은사나 능력 있는 기도가 없습니까? 대형교회가 없습니까? 기도원이 없습니까? 예배가 없습니까? 경배와 찬양이 없습니까? 선교가 없습니까? 전도를 안 합니까? 한국교회에 있어야 할 것은 다 있고 해야 할 일은 다 하고 있습니다. 그런데도 질병이란 질병은 전부 다 가지고 있습니다. 한국교회는 종합병

원입니다. 결코 일어날 수 없을 뿐만 아니라 의식조차 없는 중환자와 같습니다.

말씀이 생명으로 싹트지 못하니까 그렇습니다. 분명히 하나님의 말씀 속에 생명이 있습니다. 그 말씀, 곧 복음이 지금까지 셀 수 없이 많은 사람들을 살렸으니까요. 그런데 그 생명의 말씀이 싹트지 못하고 있습니다. 생명이 싹트지 못하니까 썩고 있습니다. 말씀이 실천이라는 싹을 틔우지 못하니까 그냥 그대로 있는 것입니다. 한 알의 밀이 싹을 내지 못한 채 그냥 썩기만 하는 것입니다. 말씀실천운동이 일어나야 합니다. 말씀실천운동은 생명말씀운동입니다. 그 생명의 말씀이 만병통치약입니다. 선포하고 가르치고 설교하고 전파하지만 말고 말씀대로 실천할 수 있는 방안을 고민해야 합니다.

교회개혁을 위해서는 전제조건이 있습니다. 자기 자신을 버리고 낮추는 것입니다. 자기를 비우지 않고 어느 누구도 개혁의 주체가 될 수 없습니다. 예수님조차도 자신의 전부를 비워주심으로써 부활의 승리를 가져오실 수 있었습니다. 그러므로 기독교개혁, 교회개혁의 전제조건은 자신을 비우는 것입니다. 하지만 이런 사람이 거의 없기 때문에 교회개혁은 이루어지기 힘든 것입니다.

그 다음 조건은 신앙을 개혁하는 것입니다. 아무리 조건을 바꾸고 환경을 바꾸어도 사람이 바뀌지 않으면 금방 다시 더러워집니다. 비유를 하자면 교회개혁은 새 옷을 입는 것이고 신앙개혁은 목욕을 하는 것입니다. 몸을 목욕하지 않고 아무리 좋은 새 옷을 입어도 소용이 없습니다. 새 옷도 필요하고 목욕도 필요한데, 더 필요한 것은 목욕입니다. 곧 교회개혁의 전제조건은 신앙개혁인 것입니다. 신앙개혁이 전제되지 않는 교회개혁은 이루어질 수 없고, 또 이루어진다고 해도 아무 소용이 없게 되는 것입니다.

그러면 신앙개혁은 어떻게 해야 가능할까요? 수많은 제자훈련, 영성훈련이 활발하게 이루어지고 있음에도 세상은 왜 이리 어두울까요? 세상이 어두운 것은 당연한 일이지만 왜 빛이 보이지 않는 것일까요? 나라는 왜 이리 혼란스럽고 분란이 끊이지 않는 것일까요? 그것은 기독교인들이 빛과 소금의 역할을 감당하지 못하고 있기 때문입니다. 나라를 위해 많이들 기도하지만, 그보다는 기독교인들이 회개하고 바른 신앙의 삶을 살지 않으면 아무 소용이 없습니다. 나라를 위해 아무리 기도해보십시오. 기독교인들이 회개하지 않으면 그 기도를 하나님은 들으실 수 없습니다. 그래서 모든 근원은 신앙의 개혁으로 돌아갈 수밖에 없습니다.

신앙개혁은 그럼 어떻게 해야 할까요? 삶이 변화되어야 합니다. 삶이 변화되려면 어떻게 해야 할까요? 예수님을 만나야 합니다. 예수님을 만나려면 어떻게 하면 되나요? 실제로 예수님의 삶을 체험해야 합니다. 그러면 예수님의 삶은 어떻게 체험할까요? 여기에 해답이 있습니다. 왜 제자훈련이 한계에 부딪칠까요? 제자훈련 받은 기독교인들이 부지기수로 않은데 왜 변화된 삶은 보기 어려울까요? 그것은 여태까지의 제자훈련은 제자훈련이 아니라 제자교육이었기 때문입니다. 제자훈련을 프로그램에 따라 몇 년씩 시행했는데도 근본적으로 변화된 사람을 찾기 쉽지 않습니다. 제자교육에만 그치기 때문입니다.

제자교육이 필요 없는 것이 아닙니다. 반드시 필요합니다. 그런데 '제자교육'에 그치면 아무것도 아닐 수 있습니다. '제자훈련'으로 발전되어야 변화될 수 있습니다. 예수님의 제자들이 3년 동안 예수님을 따라다니면서 겪었던 체험, 만약에 그 체험이 없었다면 기독교가 탄생했을까요?

기독교는 존재할 수 없었을 것입니다. 물론 성령께서 하신 일이었습니다. 하지만 만약 예수님 체험이 없었다면 제자들은 결코 아무것도 할 수 없었을지도 모릅니다.

제자들이 '훈련'이라는 이름으로 받은 것은 아니었습니다. 그러나 예수님과 동행하면서 보고 듣고 경험하고 배우고 실천해본 그 소중한 체험들이 나중에 그들을 제자 되게 만들 수 있었던 것입니다. 그래서 그런 훈련이 필요한 것입니다. 물론 예수님 당시처럼 그렇게 체험할 수는 없습니다. 그러나 제자들이 3년 동안 경험했던 내용들을 실천해볼 수는 있습니다. 3년 동안 겪었던 내용들을 집약해서 마치 예수님과 함께 있었던 그런 느낌으로 경험할 수 있다면 그것은 죽어 있는 것 같은 신앙인들을 살아있는 신앙인으로 만들 수 있을 것입니다. 관념적, 주관적인 신앙인들을 실체적, 순교적 신앙인으로 만들 수 있을 것입니다.

교회개혁은 신앙개혁으로부터 출발해야 하고 신앙개혁은 예수님을 만남으로부터 시작될 수 있습니다. 예수님을 실체적으로 만나려면 직접 체험해 보아야 합니다. 어떻게 해서든지 예수님과 제자들의 삶을 체험해볼 때 살아있는 신앙이 될 수 있습니다. 결국 교회개혁은 예수체험을 가진 사람들이 많아질 때 실현될 수 있습니다. 교회개혁은 앞으로 30년 이상 걸릴 것입니다. 예수체험으로 신앙개혁을 맛본 사람들을 통하여.

기독교운동과 세상 속의 그리스도인

예수님은 신앙운동, 개혁운동을 하셨습니다. 예수님의 운동에 대해 기득권층의 종교지도자들은 조직적으로 반항하여 어찌하든지 별별 명목을 다 끌어 모아 예수님을 사형수로 몰아 십자가에 못 박고 말았습니다. 예수님의 신앙운동, 개혁운동은 실험으로 시작되어 실패로 귀결되는 것 같았습니다.

물론 그것은 철저한 실패였습니다. 그런데 예수님의 실패가 제자들을 통하여 세상 속에 뿌려지고 심겨지고 열매를 맺어 인류 역사상 가장 거대한 하나님회복운동, 인간개조운동, 천국실현운동으로 영광을 받으셨습니다. 그 이후로 기독교운동은 때를 따라 지역을 따라 곳곳에서 불길이 치솟고 실험적이든 사생결단이든 크고 작은 사회변혁을 이루어냈습니다. 그리하여 그 운동들로 인하여 한 지역이, 회사가, 단체가, 국가가 변화되는 수많은 결과들이 역사의 한 페이지를 장식하고 있습니다.

마틴 루터의 종교개혁도 지방의 작은 소도시에서 불길이 치솟기 시작하여 전 세계 개혁가들의 구심점 역할을 하면서 원래적 의미의 기독교에 가까운 결과들을 이끌어냈습니다. 청교도운동, 경건주의운동, 재

세례파운동, 우리나라의 평양대부흥운동 등 기독교 역사는 갖가지 운동들로 인하여 거대한 역사적 물결을 이루었습니다.

우리나라 기독교계에도 지난 수십 년 동안 수많은 운동들이 곳곳에서 다양한 형태로 발전되고 상속되어 왔습니다. CCC 등 대학 캠퍼스를 중심으로 일어난 기독교대학생운동, 이런 저런 이름으로 행해져왔던 영성훈련운동, 성경통독운동 등 조사해보지 않아서 자세하게 알 수 없지만 수많은 기독교운동들이 있어 왔습니다. 그리고 그 운동들은 나름대로 크고 작은 성과를 가져와 개인과 단체의 변화와 신앙적 삶의 결단, 주님의 제자로서의 삶에 지대한 영향을 미쳐왔습니다. 굉장히 중요합니다. 꼭 필요했던 일이고 결과적으로 주님의 뜻을 따라 행해져왔던 신앙운동들이라고 생각합니다.

이제 이쯤에서, 그렇다면 사회와 신앙이라는 측면에서 다시 한 번 살펴보아야 하지 않을까 합니다. 즉, 제도의 개혁이나 부조리의 처리 등을 통한 사회변화가 아니라 한 사람 한 사람의 그리스도인이 세상 속에서 살면서도 세상 속에 동화되지 않고 거룩성을 지키며 물 흐르듯이 도도하게 흘러내리는 세상의 삶의 원리를 과감하게 거슬러 그리스도인의 삶의 가치와 원리를 세상 속에서 실현해 나감으로써 온갖 인간관계와 물질적인 인과관계로 얽혀있는 세상 속에 빛으로서의 역할을 감당하게 했느냐는 것입니다. 세상을 썩지 않게 할 뿐만 아니라 세상을 살 맛 나게 하는 소금의 역할을 감당함으로써 세상을 바꾸어나간다는 측면에서 세상에 미치는 영향력을 다시 생각해 보아야 하겠다는 것입니다.

대학생기독교운동과 비슷한 시기에 주사파운동이 캠퍼스를 강력하게 침투했습니다. 그들은 그 당시 의식 있다는 젊은이들을 접수해나가기 시작하여 순식간에 대학생들의 의식을 바꾸어버렸고 그러한 삶의 원리를 따라 세상 속에 들어간 젊은이들이 각계각층에 침투하게 함으로써 주사파적인 사고방식과 가치를 세상 속에 심어놓는 데 성공하였습니다. 그런데 그들의 주사파운동이 세상을 바꾸어버리는 동안 기독교대학생운동은 그리스도인의 가치와 의식을 세상 속에 심어놓는 데 실패했다고 감히 말할 수 있습니다. 물론 두 가지 운동이 추구하는 바가 전혀 다르다는 것을 전제로 하고 말입니다.

오늘날의 한국 기독교는 예수님을 잃어버린 상태가 아닐까요? 문제가 되는 수많은 일들이 기독교 지도자들로부터 터져 나오기 시작했습니다. 작은 교회들은 생존을 위해서이기도 하지만 작은 한 영혼을 구원하기 위해 애쓰고 있습니다. 소외되고 가난하고 병들고 늙은 이 땅의 영혼들을 위해 이리저리 동분서주하고 있습니다. 그들의 몸부림이 어찌 보면 측은해보이고 반쯤 실패한 것으로 비친다면 그런 시각으로 바라보는 사람들은 엄밀히 말해서 예수님과 아무런 관계가 없습니다.

사실 참다운 기독교운동이 대형교회와 지도자들로부터 비롯되어야 하는 것이 아니겠습니까! 지도자들이 올바른 영성으로 세상 속에 영향력 있는 삶을 살았더라면, 그래서 기독교인뿐 아니라 세상 사람들도 존경할 수 있는 본을 보였더라면, 그래서 위기의 순간에 한 말씀 주실 것을 요청할 수 있는 지도자들이 있었다면 …. 아무튼 이 땅의 수많은 기독교운동이 펼쳐졌고 나름대로 지대한 영향력을 행사한 것은 틀림이 없습니다. 다만 여기서 말하고 싶은 것은 방향성입니다. 어떤 방향으로 갔기에 기독교는 사람들의 삶에 대한 영향력을 잃어버렸다는 말입니까!

기독교운동은 이제 새로운 방향과 좌표를 설정해야 합니다. 그 방향과 좌표는 생활입니다. 사람이 변하면 생활이 변하고 사람들에게 영향력을 준다고 믿어왔습니다. 그런데 그 많은 영성훈련, 말씀훈련, 제자훈련이 결국 세상에 미미한 영향력밖에 줄 수 없었다면 그 운동은 방향설정이 잘못된 운동이 될 것이며, 기독교운동이라는 이름 아래 행해지는, 그냥 "주여! 주여!" 하는 신앙인을 양산해낼 뿐이었던 것입니다.

참 안타깝습니다! 이제는 말씀이 회복되어야 할 때입니다. 저마다 말씀, 말씀 하지만, 직장에서 말씀대로 살지 않으면 아무 소용이 없습니다. 말씀이 말씀 아닌 때는 없었습니다. 하나님께서 항상 계셨듯이 말씀은 항상 있었습니다. 사실 '말씀회복운동'이라는 용어는 잘못된 용어입니다. 정확하게 말하자면 '말씀순종회복운동'입니다.

정말 말씀순종회복운동이 필요한 때입니다. 말씀대로 살아야 합니다. 말씀을 자기 식으로 바꾸지 말아야 합니다. 말씀을 말씀 그대로 문자적으로 순종해 보아야 합니다. 한 번 믿음으로 사생결단의 심정이 되어 세상을 거슬러보아야 합니다. '하나님이 해주시면 나도 하겠습니다.'가 아니라 '내가 먼저 하겠습니다. 그 다음은 하나님께서 책임져주세요.' 하는 결단의 그리스도인들이 많아져야 합니다. 아니, '그렇게 하지 않으실지라도 나는 하나님만 바라보겠습니다.' 하고 매일매일 결단을 내리는 그리스도인들로 가득 차게 해야 합니다. 이런 운동이 펼쳐져야 합니다. 그래야 하나님의 뜻이 이 땅에 이루어지고 사람들이 교회를 찾게 만들 수 있을 것입니다. 예수님의 말씀대로 목숨 걸고 주님 따라 사는 참 제자 훈련이 반드시 필요한 때입니다.

구멍이 뚫린 항아리

성도는 구멍이 뚫려있는 항아리와 같습니다. 항아리의 크기는 각양각색일 수 있고 또 여러 가지 모양일 수 있습니다. 키가 높은 항아리, 몸집이 넓은 항아리, 낮고 작은 항아리 등 다양한 크기와 모양의 항아리입니다. 게다가 사용되는 목적도 다양합니다. 물을 담는 항아리, 된장이나 고추장을 담는 항아리, 김장 항아리도 있습니다. 성도들은 이런 여러 가지 모양과 용도에 따라 사용되는 항아리인데, 모든 항아리의 공통점은 어딘가에 구멍이 뚫려 있다는 것입니다.

항아리의 어딘가에 구멍이 뚫려있다면 문제가 아닐 수 없습니다. 무엇인가를 담아도 뚫려있는 구멍 이상으로 담을 수는 없기 때문입니다. 아무리 가치 있고 비싸고 귀한 것이라도 구멍 높이 이상으로 담아낼 수는 없습니다. 그 구멍이 앞이나 뒤나 오른쪽이나 왼쪽에 있을 수 있지만 중요한 것은 어느 높이에 있는가 하는 것입니다. 물론 이 항아리는 변화가 가능한 항아리입니다. 이 구멍은 점점 위쪽으로 이동할 수 있습니다. 위쪽으로 변화되어 갈수록 하나님의 은혜는 더 많이 담을 수 있게 됩니다. 은혜가 많아질수록 세상을 향하여 그 은혜를 흘려보낼 수 있게 됩니다.

그런데 지금 이 항아리들(성도들)의 대부분은 아주 낮은 쪽에 구멍이 뚫려있는 상태입니다. 그래서 하나님의 그 놀라운 은혜와 사랑을 겨우 밑바닥에 찰박거릴 정도만 담고 있는 형편입니다. 때로는 더 높은 곳에 구멍이 뚫려있는 성도들도 많이 있지만 그들은 극히 소수이고 대다수의 성도는 낮은 곳에 구멍이 뚫려있습니다. 아예 바닥에 구멍이 뚫려있어서 은혜 자체를 받거나 누리지 못하고 있는 경우도 아주 많습니다. 문제는 그 찰박거리는 은혜를 믿음의 전부라고 생각하고 있다는 점입니다.

그러면 이 구멍을 자꾸 위쪽으로 움직이게 하려면 어떻게 해야 하겠습니까? 각 성도들의 신앙의식의 수준을 높이는 수밖에 없습니다. 신앙의식의 수준을 높이는 것이 은혜의 구멍을 점점 높은 곳으로 옮기는 것입니다. 신앙의식이 낮다고 해서 그 항아리를 깰 수는 없습니다. 아예 아무 것도 담아낼 수 없게 되기 때문입니다. 개혁이나 갱신이란 무엇입니까? 개혁은 깨는 것이 아닙니다. 물론 깨야 할 경우도 있고 깨야 할 부분도 있습니다. 하지만 기본적으로는 신앙을 개혁하는 것이어야 합니다. 신앙의식의 수준이 높아져서 하나님의 더 많은 은혜를 담게 되면 교회는 자연스럽게 수준이 높아지고 세상에 대하여 할 일을 할 수 있게 됩니다.

문제는 목회자들의 의식수준입니다. 성도들은 점점 더 높은 곳으로 구멍이 옮겨가야 하는데 목회자들은 그냥 다 괜찮다고 합니다. 세상을 향하여 달려 나가 변화의 횃불을 높이 들어야 하는데 그냥 교회에 머물러 있으라고만 합니다. 교회 안에서 받은 많은 은혜를 가지고 이웃들을 예수님의 마음으로 돌아보아야 하는데, 그렇게 말하거나 시도하면 과격하거나 급진적이라고 생각합니다. 왜 성도들을 그 상태 그대로 머물러 있게 만듭니까? 성도들은 지금보다 백 배는 더 성장할 수 있습니다. 아니, 성장해야 합니다. 그런데 왜 그것을 막습니까? 목회자의 항아리에 뚫려있는 구멍의 높이 아래에만 성도들을 가두어두는 것이 아니겠습니까?

우리들은 모두 어딘가에 구멍이 뚫려있는 항아리들입니다. 깨지기 쉽고 상하기 쉬운데다가 구멍까지 뚫려있습니다. 세상을 향하여 그렇다는 말입니다. 정말 지금 성도들의 신앙으로 만족하십니까? 예배 열심히 참석하고 헌금하고 봉사하는 것으로 성도들은 다 자라 있습니까? 제가 알기로는 좀 자라 있는 성도들은 더 자라지 못해 아우성입니다. 그런데 더 높아지지 못합니다. 그 상태 그대로 부딪치면서 몸부림치고 있습니다. 왜 성도들에게 더 높은 길을 열어주지 못합니까? 좀 더 성경의 본질로 돌아가서 더 높은 곳으로 나아갔으면 좋겠습니다. 무한하신 하나님의 은혜를 마음껏 누릴 수 있도록, 더 높이 자랄 수 있도록 성도들을 도와야 합니다. 이제는 어린아이의 일을 버리게 하고 그리스도의 장성한 분량을 향하여 높이 높이 올라가도록 도와주시기 바랍니다. 그것이 기독교개혁입니다.

기독교개혁을 시작하려면

사람이 많이 아프면 무엇부터 해야 할까요? 일단 쉬라고 할 겁니다. 아픈데도 계속 일하거나 활동을 하면 중병에 걸리게 됩니다. 그 다음에 무엇을 하겠습니까? 병원에 가서 진료를 받고 원인을 발견해내고 거기에 맞는 약을 처방할 것입니다. 심하면 수술을 받거나 따로 치료를 받아야 할 것입니다. 그리고 증상에 따라 음식을 조절해야 할 것입니다. 그 후에 무엇을 합니까? 증상이 호전되거나 병이 나을 때까지 기다려야 합니다. 그리고 건강을 회복한 다음에 서서히 정상적인 활동을 시작하게 할 것입니다. 이것이 몸이 아픈 사람들이 일반적으로 행할 일들입니다.

이런 일반적인 원리를 교회에 적용하면 어떻게 되겠습니까? 한국교회는 중병에 걸린 상태입니다. 증상도 아주 분명합니다. 원인도 확실합니다. 이유도 잘 알고 있습니다. 물론 정상세포들도 있습니다. 별로 문제의식을 느끼지 않고 열심히 충성하는 사역자들도 많이 있습니다. 눈에 띄지는 않지만 구석구석에서 정말 주님의 마음으로 일하는 사람들도 많이 있습니다. 하지만 교회 전체적으로 병이 들어있기 때문에 해결책이 되지는 못합니다. 심각하게 느끼든 그렇지 않든 문제의식은 대부분 가지고 있습니다. 그러나 직접 무엇인가를 해보려고 하는 사람은 거의 없습니다. 나선다고 해도 아무도 호응해주는 사람이 없기 때문에 금방 시들어버립니다. 그렇지만 나름대로 해결책은 다 가지고 있습니다. 우선순위가 문제이기는 하지만, 만약에 모두가 힘을 합해서 대안을 마련한다면 희망이 없는 것은 아닙니다.

우리는 무엇을 어떻게 해야 하겠습니까? 한국교회의 질병을 치료하려면 시간이 오래 걸립니다. 감기약 먹듯이 며칠 만에 치유되는 것이 아닙니다. 중병이기 때문에 길게 보아야 한다는 말입니다. 물론 우선 급하게 처방해야 하는 부분도 있습니다. 그러나 그것도 장기적인 안목으로 대안을 만들어 나가는 기본이 전제되어야 합니다. 그래서 결국 신앙의 질과 수준을 높이는 일을 해야 한다고 보는 것입니다.

지금 한국교회 신앙의 수준은 너무 중구난방입니다. 복음이 본질을 회복하고 생명력을 가지게 만들기 위해서는 신앙의식수준을 높여야 합니다. 지금 세속적인 의식으로는 아무리 열심히 믿어도 더 이상 올라가지 못하게 되어 있습니다. 성도들은 더 이상 올라갈 곳이 없어서 사실상 방황하고 있는 경우가 아주 많습니다. 목회자의 수준 이상으로 성도들이 성장할 수는 없습니다. 성도들을 예수님의 제자들로 만드는 데 최선을 다해야 하는데, 그런 개념이 별로 없을 뿐만 아니라 오히려 세속적인 신앙에 가두어버리는 것 같습니다. 아무튼 우리는 생각 자체를 바꾸어야 합니다. 바꾸어야 하고 변화시켜야 한다는 생각을 가져야 합니다. 성경적인 비판에 마음을 열어야 합니다. 그래야 시작할 수 있습니다.

전체적으로 아직 개혁은 시작조차도 하지 못하고 있습니다. 이미 40~50년 전에도 개혁을 외쳐왔습니다. 그러나 모두들 아멘 아멘 하면서 전혀 움직이지 않았습니다. 이제는 다시 시작해야 합니다. 하나님께서 오늘날 목회자들에게 큰 책임을 물으실 것입니다. 목회자부터 개혁적인 생각을 가지고 이제라도 시작하면 너무 좋겠습니다.

문제는 대안입니다

기독교개혁 또는 회복, 갱신을 위해서 가장 필요한 것이 무엇이겠습니까? 기독교개혁 또는 교회개혁이라고 할 때 그 중심이 되는 것은 복음이 살아 있는가 하는 것입니다. 개혁이란 결국 복음을 살리는 일이 될 테니까요. 그 밖에 무엇을 고치고 바꾸고 물러가고 새로워지고 하는 것은 전부 부차적인 요소들일 뿐입니다. 왜냐하면 복음이 성도의 삶에서 살아나면 그런 것들은 자연스럽게 이루어질 테니까요.

그런데 복음을 실천함으로써 복음의 생명력을 회복시키려고 할 때 가장 핵심적인 문제는 무엇이겠습니까? 그것은 바로 대안입니다. 오늘날 교회의 문제점, 신학의 틈새, 신앙의 괴리 등을 파헤치는 저술들은 활발하게 출판되고 있습니다. 정말 예리함과 정밀함을 갖추고 과거와 미래를 살리는 뛰어난 저술들이 많이 있습니다. 그런데도 왜 기독교는 개혁되지 못하고 교회는 세상의 비판거리가 되었을까요? 대안을 만들지 못했기 때문입니다. 곧 개혁이라는 구슬들은 많이 만들었는데 그것들 꿰지 못하고 있는 것입니다.

그래서 그런 구슬들을 만들어 가지고 있는 분들은 그것을 꿸 수 있는 방법을 만들어내어야 합니다. 훈련이나 체험 과정들을 만들어서 그 구슬들이 그리스도인들에게 다가가서 변화를 이끌어내야 하는 것입니다. 지금 이것이 안 되고 있습니다. 안 되고 있을 뿐만 아니라 그런 생각들을 하지 못하고 있습니다. 아무리 좋은 책이라도 그 책을 한번 읽기만 함으로써 변화될 수는 없습니다. 물론 생각이 바뀌고 오랜 시간을 거치면서 점차 변화될 수 있을 것입니다만, 그것만으로 많은 사람들의 변화를 기대할 수는 없습니다. 그러므로 시대에 합당한 훈련 프로그램들을 만들어 내어야 합니다. 그것이 대안입니다.

혹자는 프로그램으로는 삶을 변화시킬 수 없다고 하지만, 그러면 프로그램이 아니면 무엇으로 사람을 변화시킬 수 있겠습니까? 하나님도 프로그램을 가지고 하나님의 사람들을 변화시키십니다. 물론 프로그램도 프로그램 나름입니다. 그냥 앉아서 가르치는 프로그램으로는 변화가 어려울 수도 있습니다. 그래서 실제 삶에 적용할 수 있는 실천적인 프로그램이 필요한 것입니다. 개혁가 한 사람이든 어떤 그룹이든 나름대로 복음의 본질을 살릴 수 있는 기본적인 가르침과 그것을 지속적으로 훈련할 수 있는 중장기 프로젝트를 만들어내어야 합니다. 그것이 하나의 대안인 것입니다.

그 다음에는 그런 대안을 가지고 있는 개혁가들이 연합해야 합니다. 연대해서 서로 장단점을 보완하고 시간이 가면서 일치하는 부분들을 극대화시며 나아가야 합니다. 어느 누가 개혁을 하더라도 전부 다 생각이 다르고 강조점이 다릅니다. 그렇기 때문에 서로 협력해야 하는 것입니다. 그냥 사람을 모아서는 결코 개혁될 수 없습니다. 생각들이 정리되지 않은 상태에서 혼란만 부추기거나 또다시 흩어질 뿐입니다. 그리고 우리들 자신이 가만히 있는 상태에서 교회나 신앙을 개혁하려는 시도는 이루어질 수 없습니다. 개혁자가 먼저 변화되어야 합니다. 버리고 낮추고 주님만으로 채워야 합니다.

저의 수 년 동안의 작업은 이 대안을 만들어나가는 과정이었습니다. 한 권의 뛰어난 책을 저술하는 것보다 수 년 간의 대안을 만들어나가는 것이 훨씬 중요합니다. 물론 서로 별개의 것이 아닙니다. 다만 특정한 목적과 방향을 가지고 프로그램화시켜야 한다는 것입니다. 이렇게 어떤 방식으로든 대안을 만들어나가는 개혁가들이 많이 생기기를 위해 기도합니다. 그런 분들이 모여서 전체 기독교개혁을 이루어나간다면 10년, 20년 후에는 복음의 본질과 생명력 회복의 큰 열매를 거둘 수 있을 것입니다. 하나님께서 하실 것입니다.

50점을 맞은 사람

시험을 쳐서 50점을 맞은 사람이 있었습니다. 그런데 이 사람은 겨우 50점을 맞아놓고도 너무나도 기분이 좋았습니다. 사람들은 참으로 의아하게 생각했습니다. 알고 보니까 이 사람은 50점을 만점으로 생각하고 있었습니다. 그러니까 이 사람은 일반적인 의미에서 100점을 맞았다고 생각하고 있었던 것입니다. 50점을 받고 50점이 만점이라고 생각한다면 그것은 참으로 문제가 아닐 수 없습니다. 만점이 100점이라는 사실을 알고 있는 사람은 자기가 받은 50점이 얼마나 보잘 것 없는지를 잘 알고 겸손해집니다. 그러나 50점을 만점이라고 생각하는 사람은 자기가 받은 50점을 대단하게 여기고 교만한 마음을 가지기가 쉽습니다.

우리의 신앙생활이 이와 같습니다. 오늘날의 기독교 신앙인들은 마치 50점을 만점이라고 생각하는 사람과 다르지 않습니다. 자기 신앙이 50점 만점이라고 생각하는 사람은 예를 들어 40점쯤 맞아도 조금도 아쉬워하지 않습니다. 왜냐하면 일반적인 관점에서는 80점을 맞았다고 생각하는 것이니까요. 하지만 만약에 100점이 만점이라고 생각하는 사람이 40점을 맞았다면 낙제하는 것이니까 엄청난 충격을 받을 것입니다.

그런데 더 큰 문제는 100점 만점이 어떤 것인가를 제시해주지 못한다는 데에 있습니다. 사실은 그냥 50점이 만점이라고 직접 가르치지는 않더라도 간접적으로 그렇게 인식하게 만들고 있는 것입니다. 성도들은 50점만 맞으면 만점이라고 생각하므로 40점이나 50점만 맞아도 스스로를 자랑스럽게 생각합니다. 축복받았다고 생각합니다. 지도자들도 50점 이상을 제시하지 못하고 40점만 맞아도 장하다고 성도들을 격려하고 있습니다. 물론 100점이 어떤 것인지 말로는 가르칩니다. 하지만 성도들에게는 하나도 귀에 들어오지 않습니다. 성도들에게는 100점에 대한 인식이 전혀 없습니다.

이런 현상은 예수님 시대의 바리새인들에게서 고스란히 나타납니다. 그들은 스스로 100점이라고 생각했습니다. 하지만 그 100점이란 50점을 만점으로 착각하는 데 근거를 둔 것이었습니다. 그러니까 사실은 바리새인들은 50점짜리 신앙인들이었던 것입니다. 그들 자신은 100점이라고 생각했지만 예수님이 보시기에는 50점도 안 되는 사람들이었습니다. 사실 이들은 종교생활에서는 만점이었습니다. 율법을 구절마다 지켰고, 정해진 신앙의무에 대해서는 철저하게 책임을 다했으며, 정해진 절기와 제사에 관해서는 조금도 부족함이 없이 훌륭하게 실행한 사람들이었습니다. 그럼에도 불구하고 예수님은 저들을 강하게 저주하셨습니다.

왜 이런 현상이 나타나는 것일까요? 신앙은 생활이라는 것을 간과했기 때문이었습니다. 신앙생활은 100점 만점이라고 할 때 50점까지는 필기시험이요 나머지 50점은 실기시험이라고 할 수 있습니다. 50점을 만점이라고 생각하는 사람은 신앙생활이란 필기시험이라고 생각하기 때문에 그러는 것입니다. 필기시험은 율법적이고 종교적인 삶이며, 실기시험은 사람을 도와주고 세상을 변화시키는 삶입니다. 대부분의 신앙인들은 종교적인 삶을 전부라고 생각하고 있습니다. 세상 속에서의 삶에서 펼쳐져야 하는 다양한 영향력들은 거의 무시하고 있습니다. 그러니까 교회 안에서의 삶에만 충실하면 스스로 자신의 신앙점수를 만점이라고 생각할 수밖에 없게 되는 것입니다.

예수님은 이 필기시험과 실기시험을 모두 강조하셨습니다. 바리새인들이 예수님을 십자가에 못 박은 것은 예수님께서 이 실기시험을 자꾸 강조하시기 때문입니다. 그들에게 없는 것을 자꾸 들추어내시고 가르치시니 예수님을 원수 삼게 된 것입니다. 자기들은 만점 신앙생활을 하고 있다고 생각하는데 그것을 칭찬하시는 것이 아니라 그들에게 없는 사랑과 자비와 용서와 희생과 헌신을 자꾸 이야기하시면서 나무라시니까 화가 나는 것입니다. 이것이 스스로 만점이라고 생각하는 사람들에게 나타나는 공통적인 현상이었던 것입니다.

신앙생활은 100점이 만점입니다. 이 사실을 아는 것이 신앙개혁의 출발점입니다. 그 어떤 사람이라도 100점을 맞을 수는 없습니다. 그러나 신앙인들은 100점이 만점이라는 사실을 알고는 있어야 합니다. 100점을 못 맞았다고 해서 지옥에 가는 것이 아닙니다. 다만 100점이라는 푯대를 향하여 나아가야 하겠다는 것입니다. 만점이 100점이라는 것을 모르고 40점 맞은 것으로 스스로 만족하고 자랑삼으며 자기 의에 빠지게 된다면 그것은 참으로 안타까운 일이 아닐 수 없습니다.

신앙회복, 신앙개혁이란 100점을 다시 알게 만드는 것입니다. 말하자면 예수님의 삶의 모습을 좇아가자는 것입니다. 자기중심적, 성공지향적인 신앙으로는 죽었다가 깨어나도 바리새적인 신앙을 넘어가지 못합니다. 하나님 중심적, 이웃 지향적 신앙을 가지게 되면 비로소 참된 신앙, 균형 잡힌 신앙, 세상에 영향을 끼치는 신앙이 시작되는 것입니다. 자기중심적, 성공지향적인 삶이 전부인 것처럼 생활하게 되면 바다에 대한 이야기만 듣고 실제로는 한 번도 가본 적이 없는 사람처럼 되는 것입니다. 불투명하고 추상적, 관념적인 신앙의 세계를 벗어나서 참된 신앙, 본질적인 신앙, 나라가 임하는 신앙의 세계로 들어갈 수 있으면 좋겠습니다.

본질! 본질! 본질!

많은 분들이 본질을 이야기하고 있습니다. 본질을 회복하자, 교회의 본질을 찾자, 복음의 본질이란 이런 것이다 하면서 본질을 언급하고 있고 본질을 회복하자는 주장들을 펼치고 있습니다. 사실상 가장 중요한 주제이고 주제여야 합니다. 교회개혁, 기독교개혁에서 본질을 빼버린다면 그것은 속이 텅 비어있는 포장상자에 불과하기 때문입니다. 아무리 고급 재질로 화려하게 포장해도 그것은 그냥 상자일뿐입니다. 그러므로 본질을 이야기하고 본질을 되찾자는 말은 정말 너무나도 필요한 주장들입니다. 개혁을 이야기할 때 가장 먼저 언급되어야 하는 것이 바로 본질인 것입니다.

그러면 본질이란 무엇입니까? 본질에서 핵심이 빠져버린다면 그것이야말로 오히려 다른 사람들을 속이는 것에 불과하게 될 것입니다. 본질이라고 주장하는데 사실은 핵심이 빠져있기 때문에 본질을 오해하게 만드는 것입니다. 그런데 이 본질에서 핵심이 빠져있는 경우를 자주 보게 됩니다. 복음의 본질, 교회의 본질, 기독교의 본질이란 사실상 다 같은 말입니다. 기독교란 교회들에 대해서 세상에서 불리어지는 명칭이요, 교회는 복음을 소유하고 보존하고 전파하고 개혁하는 공동체이기 때문입니다. 따라서 기독교의 본질, 교회의 본질을 이야기한다면 그것은 분명히 복음의 본질을 이야기하는 것일 것입니다.

복음의 본질이란 무엇입니까? 단도직입적으로 말해서 복음은 죽는 것입니다. 죽지 않는다면 그것은 바른 복음이 아니고 본질과는 오히려 더 멀어질 것입니다. 살기 위한 본질, 부흥하기 위한 본질, 성공하기 위한 본질이 가능하겠습니까? 그런 것은 존재할 수 없습니다. 만약에 그런 것이 존재한다면 그것은 기독교도 아니고 교회도 아니고 복음도 아닙니다. 그것은 단지 여러 종교 중의 하나일 뿐입니다. 모든 종교는 다 성공하기 위해 존재합니다. 그러나 기독교는 성공하기 위해 존재하는 것이 아닙니다. 다른 종교와의 근본적인 차이점은 기독교는 '죽는' 종교라는 것입니다. 그것이 아니라면 반드시 교회에 다녀야 할 이유가 없어집니다.

죽지 않으면 복음이 아닙니다. 내가 죽어야 복음의 본질은 되살아납니다. 복음이 쇠퇴하게 된 주된 이유는 죽기 위해서 믿는 것이 아니라 살기 위해서 믿으려고 하기 때문입니다. 성공하고 복 받기 위해서 믿으려고 하기 때문입니다. 죄송하지만 성공하고 부흥하고 번영을 추구하기 위해 믿는 사람이 있다면 그에게서는 본질을 찾을 수 없을 것입니다. 본질이 빠진 믿음은 생명력 없는 돌멩이와 다를 바가 없습니다. 복음은 아무리 작은 것이라도 죽으려고 할 때 살아나는 길이 열리는 것입니다. 본질이 빠진 믿음은 생명력 없는 죽은 믿음입니다. 그것은 참된 믿음이 아니며 구원에 이르게 하는 믿음이 아닙니다.

성도는 예수님을 따라가는 사람들입니다. 예수님의 가장 큰 특징은 십자가에서의 죽음입니다. 죽어야 부활할 수 있고 죽어야 거듭날 수 있고 죽어야 성령 충만할 수 있습니다. 그리스도인은 죽지 않으려고 하면 할수록 더 꼬이게 되어 있습니다. 죽지 않으려고 하기 때문에 똑같은 고난이 반복되는 것입니다. 살려고, 성공하려고, 부흥하려고 할수록 본질에서 점점 멀어지는 것입니다. 본질에서 멀어진다는 말은 예수님으로부터 점점 멀어진다는 말이고, 그것이 지속되면 결국 예수님과의 관계마저 사라진다는 말입니다.

복음의 원형, 기독교의 본질을 찾아들어가는 일은 굉장히 중요합니다. 다만 죽는 것이 빠지면 그것은 아무것도 아니게 되어버립니다. 죽는다는 것은 전부 내려놓는다는 것입니다. 죽는다는 것은 비우고 버린다는 말입니다. 죽는다는 것은 밑바닥까지 내려간다는 말입니다. 자의에서이든 타의에서이든 죽는다는 것은 완전히 포기한다는 것입니다. 왜냐하면 우리가 죽어야 비로소 예수님께서 오시기 때문입니다. 물론 우리의 심령 속에는 성령님으로 주님이 계십니다. 그러나 성령님께서 함께하시려면 우리의 심령이 다 죽어야 합니다. 우리가 죽어야 예수님이 사십니다.

교회가 개혁되려면 모든 성도들이 하나님 앞에서 죽어버려야 합니다. 세상 욕심에 대해서 죽어야 합니다. 세상의 목표에 대해서 죽어야 하고, 외적인 부흥과 성장에 대해서 죽어야 하고, 성공과 성취에 대해서 죽어야 합니다. 우리가 죽어야 하나님께서 거하시고, 하나님께서 거하셔야 그리스도인으로 살아나게 되며, 그리스도인이 그리스도인다워질 때 교회는 개혁되고 살아나는 것입니다. 개혁하려면 자신이 먼저 죽어야 합니다. 자신이 죽지 않고 교회를 고치고 제도를 바꾸고 사람들을 변화시키려고 한다면 그것이 가능하겠습니까? 기도하고 말씀을 배우고 찬양을 드리는 목적이 무엇입니까? 최종 결론은 하나님 앞에서 우리를 죽이는 것입니다. 죽기 위해서 말씀을 배우고 죽기 위해서 예배를 드리고 죽기 위해서 기도하는 것입니다. 복음의 본질은 바로 죽음입니다. 우리 다 같이 죽으십시다.

솔직히 답이 없어 보입니다

일부 극소수의 진정한 그리스도인들이 존재하지만, 절대 다수의 기독교인들은 참복음의 절반도 이해하지 못하고 있습니다. 그것은 사역자들도 마찬가지입니다. 그것은 복음을 종교의 개념으로만 이해하고 있기 때문일 것입니다. 복음을 율법의 수준으로만 받아들이고 있습니다. 그것은 바리새인들의 의식과 같은 종류, 같은 수준의 믿음이라고 할 수 있습니다. 가장 잘 믿는다고 생각하지만, 하나님께서 보시기에는 가장 모자라는 믿음이요, 그렇기 때문에 구원과는 관계없는 믿음이기 쉽습니다. 거기에는 하나님과의 관계가 빠져있기 때문입니다.

무슨 소리냐고 할 수 있습니다. 내가 하나님과 인격적인 관계를 유지하고 있고 성경말씀을 충분히 잘 알고 있으며 기도를 통하여 하나님의 음성을 듣고 있는데 하나님과의 관계가 빠져있다고? 내가 말씀묵상을 통하여 하나님의 뜻을 잘 분별하고 있고 하나님의 뜻을 따라 이웃을 사랑하고 나눔과 섬김을 열심히 하고 있는데 내가 종교적인 신앙인이라고? 내가 병을 고치고 환상을 보며 예언을 하고 목회와 사역을 성공적으로 감당하고 있고 제자훈련을 통해 성도들을 참 제자로 길러내고 있는

데 하나님과 아무 관계가 없다고?

네, 그렇습니다. 그렇게 생각하고 있다면 당신은 틀림없이 종교인일 가능성이 아주 높습니다. 왜냐고요? 당신의 심령 속에는 하나님의 마음이 쏙 빠져있기 때문입니다. 그래서 사도 바울은 천하 없는 큰일을 이룩해도 거기에 사랑이 없다면 아무것도 아니라고 설파하고 있는 것입니다. 왜냐하면 그 사랑이 바로 그리스도인의 생명이기 때문입니다. 하나님의 사랑이란 하나님의 마음입니다. 하나님의 마음을 모르거나 알고 있어도 그 마음을 따라 살려고 하지 않는 사람은 아직 참 그리스도인이 아닙니다. 겉으로는 하나님과 가장 가까운 것처럼 말하고 행동하는데 그 속에 하나님의 사랑이 빠져있다면 그는 하나님과 관계없는 사람이기 때문입니다. 하나님과 관계없는 사람이 구원받은 사람이겠습니까?

거의 모든 기독교인들의 마음속에 하나님의 마음이 결여되어 있습니다. 삶의 현장에서 하나님의 마음이 전혀 반영되지 못하고 있습니다. 자기 육신의 성공만을 바라보는 자기중심적인 생각이 지배하고 있는데 그 사람이 그리스도인일 수 있습니까? 사역의 현장에서도 하나님의 마음으로 일하지 못하고 있습니다. 정말로 하나님의 마음으로 성도를 섬기고 있습니까? 주님은 한사람, 한사람을 위해서 목숨까지 주셨습니다. 정말 목숨까지 바쳐서라도 성도를 그렇게 사랑하고 있습니까? 불신이웃을 바라볼 때 정말 예수님의 사랑으로 그들에게 시선을 고정하고 있습니까?

물론 스스로 그렇게 생각하고 있을 것입니다. 문제는 바로 거기에 있습니다.

이렇게 자신 있게 말할 수 있는 이유가 어디에 있겠습니까? 오늘날 교회의 모습에서 분명하게 확신할 수 있습니다. 교회가 세상의 유일한 소망이어야 하는데 교회는 손가락질의 대상이요 아무리 어려워도 찾지 않는 곳이 되어버렸습니다. 물론 경제적으로 힘들어하는 분들이 그래도 아직까지 교회를 찾고 있습니다. 그러나 사회 전체적으로 볼 때 교회는 그 역할과 기능을 잃어버린 지 오래입니다. 적어도 교회는 부패하지 않은 유일한 곳이 되어야 합니다. 그러나 교회는 세상의 축복과 성공을 지향할 뿐 아니라 세상보다 오히려 더 썩은 곳이 많을 정도가 되었습니다. 그 이유가 무엇이라고 생각하십니까? 하나님의 마음을 잃어버린 지 오래 되었기 때문입니다.

섬김을 권면해도 나눔을 장려해도 전부 후에 자기가 받을 복에 초점을 둡니다. 나눔을 행하든 섬김을 감당하든 전부 자기 이름이나 성과를 자랑하기 위해서 행합니다. 그렇게 생각하지 않아도 무의식 속에서는 그것을 추구합니다. 전부 행위나 일 자체에 초점을 두고 행합니다. 하나님의 마음을 잃어버렸으니 서로 다투고 세력다툼하고 감정싸움 합니다. 누구 하나 하나님의 마음을 중심으로 말하고 행동하는 사람이 없습니다. 다음세대를 말하지만 하나님의 마음을 가르치지 못하고 본을 보이지 못하는데 어떻게 더 나은 세대를 기대할 수 있겠습니까? 아무리 현세대의 문제점을 분석하고 다음세대를 세운다고 해도 하나님의 마음이 빠져있다면 교회는 더욱 더 가속도로 무너질 것입니다.

무엇보다도 하나님의 마음을 가르쳐야 합니다. 성경전체를 흐르는 하나님의 마음을 찾기 위해 애를 써야 합니다. 다윗이 위대한 이유는 하나님의 마음을 알기 때문입니다. 성경 속의 우리의 선배들은 전부 하나님의 마음을 아는 사람들이었습니다. 구약시대에는 소수의 그런 사람들이 있었지만 결국 이스라엘은 멸망했습니다. 그러나 신약시대에는 성령님이 계심으로써 하나님의 마음을 알 수 있는 길이 활짝 열려있습니다. 그런데도 하나님의 마음과 동떨어진 삶을 살고 있다면 그 사람은 하나님과 관계없는 사람입니다.

저는 완벽한 믿음을 말하는 것이 아닙니다. 하나님의 마음을 알고 그곳으로 향하여 나아가야 한다는 것을 이야기하고 있는 것입니다. 다윗은 하나님의 마음에 맞는 사람인데도 불구하고 큰 죄를 지었습니다. 그런데 자기 죄를 깨닫고 나서는 하나님의 마음을 다시 찾았습니다. 그리고 침상이 눈물에 젖기까지 회개했습니다. 그리하여 아무튼 다윗의 왕국은 보존되었던 것입니다. 다윗이 하나님의 마음을 모르는 사람이었다면 그를 통하여 그리스도께서 오지 않으셨을 것입니다. 하나님의 마음을 알고 그 마음을 품고 그 마음으로 사람들을 사랑하지 못한다면 하나님은 우리를 사용하실 수 없습니다. 지금 한국교회가 무너지는 이유도 하나님의 마음을 교회와 기독교인들에게서 찾을 수 없기 때문입니다.

무엇을 고치고 개혁하는 것으로는 근본적인 대책이 될 수 없습니다. 물론 대책은 하나님이어야 합니다. 하나님의 마음을 되찾을 때 하나님께서 개혁하실 것입니다. 하나님의 마음을 알기 위해 신학을 공부해야 합니다. 하나님의 마음을 알기 위해 목회를 해야 합니다. 하나님의 마음은 알기 위해 예배해야 하고 기도해야 하고 성경을 보아야 합니다. 어떤 행위나 일이나 사역에 초점을 둔다면 결코 하나님의 마음을 알 수 없습니다. 하나님의 마음을 알게 되면 그때에야 비로소 하나님께서 일하기 시작하실 것입니다.

지금 상황으로는 하나님께서 결코 개입하실 수 없습니다. 일이나 행위에서 눈을 들어 하나님을 바라보아야 합니다. 그러면 비로소 하나님의 마음을 느낄 수 있을 것이고 하나님의 마음을 깨닫기 시작하면 우리는 하나님께서 일하시는 모습을 우리의 두 눈으로 똑똑히 볼 수 있을 것입니다. 힘써 하나님의 마음을 알도록 해야 하겠습니다.

거꾸로 자라는 나무

이상한 나무가 있습니다. 씨앗을 심었습니다. 싹이 나서 하늘을 향하여 힘차게 자라더니 어느 순간부터 갑자기 잎과 가지가 땅 쪽으로 유턴하더니 자꾸 흙 속으로 기어들어가려고 합니다. 나무가 자라기는 하는데 꼭대기가 자꾸 거꾸로 휘어서 땅으로 들어가려고 하니까 더 이상 하늘을 향하여 커지지를 못합니다. 자라지 않는 것은 아닙니다. 전체 키는 가라지만 절반 이상이 땅으로 들어가려고 할 뿐입니다. 그리고 몸통도 조금씩 더 커집니다.

그렇게 나무가 계속 거꾸로 자라니까 나무 전체가 땅을 향하여 눕는 모양이 됩니다. 마치 높은 바위틈에 뿌리를 내리고 옆이나 아래로 자라는 소나무처럼 말입니다. 이 나무가 계속 그렇게 자라나니까 자연스럽게 뿌리가 조금씩 땅 밖으로 나오게 됩니다. 그 상태대로라도 계속 자라면 나무의 생명에는 지장이 없겠는데 가지 끝이 자꾸 흙 속으로 들어가니까 나무도 어느덧 땅으로 파묻히게 되고 뿌리는 자꾸 땅 밖으로 삐져나오더니 뿌리의 3분의 1 정도가 땅 밖으로 나오고 마르기 시작합니다.

보다 못해 뿌리 위로 흙을 덮어줍니다. 빠져나온 뿌리가 다 덮일 정도로 흙을 덮었더니 처음에는 그대로 있는 것 같았지만 곧 뿌리가 흙 밖으로 다시 삐져나옵니다. 그러더니 어느 정도 시간이 지나니까 거의 모든 뿌리가 땅 속이 아니라 하늘을 바라보고 거꾸로 뻗쳐있게 됩니다. 결국 어떻게 되겠습니까? 하늘을 향하여 거꾸로 솟아있던 뿌리는 하얗게 다 말라버렸습니다. 결국 나무는 죽고 말았습니다.

이 나무는 현대 기독교인들입니다. 이 땅은 세상이고 하늘은 천국입니다. 기독교인은 이 세상에서 살면서 하늘을 향하여 나아가는 사람들입니다. 땅에 심겨진 씨앗은 믿음으로 거듭남입니다. 그런데 거듭난 신앙인들이 어느 때부터인가 성장이 멈춥니다. 그리고 천국을 바라보아야 할 사람들이 자꾸 땅을 바라봅니다. 급기야 땅 속으로 들어가려고 애를 씁니다. 그리고 하늘을 바라보고 자라는 것이 아니라 흙속에 묻혀 있는 것을 좋아하게 됩니다. 이것은 이 땅의 행복, 성공, 번영만을 생각하고 추구하는 육신적인 생각으로 가득 채워져 있는 성도를 뜻합니다.

복음으로, 말씀으로 분명히 성도는 하늘을 바라보아야 함에도 불구하고 무엇을 어떻게 배웠는지 땅에서의 번영만을 누리려고 애를 쓰고 있는 형국입니다. 그런데 흙 속에만 계속 있다가 보니까 그곳에서 오히려 안락함이 느껴지고 평안을 누리게 됩니다. 하지만 그것은 가짜 행복, 가짜 평안입니다. 물론 흙 속에 가만히 있으면 하늘을 향하고 있는 것보다 편안하게 느껴질 수도 있습니다. 흙 속에는 바람도 불지 않고 비바람이나 천둥이나 그런 무서운 일이 없으니까요. 바람에 이리저리 흔들릴 필요도 없고 짐승들에 의해 꺾일 위험도 없습니다.

그런데 그런 가짜 행복 속에 파묻혀 있다가 보면 어느새 뿌리가 하늘을 향해 삐져나오게 됩니다. 땅속에 깊이 뿌리를 내리고 하늘을 향해 자라야 하는데 거꾸로 하늘에 뿌리를 올리고 땅 속으로 땅 속으로 들어가게 되면 결국 뿌리는 말라버리고 성도는 영적 생명의 종말을 고하게 되는 것입니다. 이미 뿌리가 땅 밖으로 빠져나오기 시작하면 그 때는 이미 가능성이 많이 사라집니다.

문제는 영적 생명이 죽어간다는 사실을 거의 눈치 채지 못하고 있다는 것입니다. 지금 현실이 그렇습니다. 성도들은 논외로 하더라도 목회자들이 뿌리를 하늘로 쳐들고 있음에도 거의 눈치 채지 못하고 있거나 체념하고 있는 형편입니다. 작은 교회 목회자들은 생존에 지쳐있고 큰 교회 목회자들은 사역에 이리저리 분주합니다. 여기저기에서 세미나, 프로그램, 강좌 등이 다양하게 제공되고 있지만 다시 뿌리를 힘차게 땅으로 향하여 뻗게 만들기에는 신앙의식이 메말라 있습니다.

깨어서 진정한 복음을 행하려고 애쓰는 목회자들도 많이 있지만 지금 거의 거꾸로 자라는 나무와 같습니다. 인정하기 싫을 수도 있고 그렇지 않다고 생각하는 분들도 많이 계실 것입니다. 목회자들의 신앙이 거의 자라지 않는 현상을 알고 계십니까? 거꾸로 땅속으로 가지를 향하고 있기 때문에 자라지 못하는 것입니다. 그래서 은퇴할 때 이상한 목회자가 되는 것입니다.

그러면 어떻게 해야 합니까? 지금 거꾸로 자라는 나무를 어떻게 하면 다시 바로 세울 수 있을까요? 물론 바로 세우려고 애를 써야 하지만 동시에 그보다는 먼저 새로운 씨앗을 심는 수밖에 없습니다. 목사님들 사고가 변합니까? 거의 변하지 않습니다. 그렇다면 깨어있는 지도자들이 다시 시작해야 합니다. 새로운 나무, 바로 자라는 나무를 만들기 위해 다시 심어야 합니다. 수십 년이 걸려도 다시 심어나가야 합니다. 결코 땅으로 기어들어가지 않는 나무를 세워나가야 합니다. 이것이 개혁운동이어야 합니다.

의식 있는 분들이 지적이나 분석만 하지 말고 실제적이고 실천적인 방안을 만들어나가야 합니다. 새로운 제자훈련이 필요합니다. 그런 분들이 연합하여 각자 훈련에 애를 쓰면서도 서로 연합하여 서로 부족하고 모자란 점을 보완해야 합니다. 물론 각자가 대안을 만들고 프로그램이나 커리큘럼을 만들어 실천해야 합니다. 그렇게 사람을 길러내야 합니다. 하늘을 향하여 바로 자라가는 나무를 많이 길러내야 합니다. 이 일에 쓰임 받을 분들이 많이 생겨나야 합니다. 그리하여 10년 후, 20년 후를 생각하면서 서로 협력하고 연합해야 합니다. 진정한 개혁운동이 여기저기에서 활발하게 일어나기를 위해서 간절한 마음으로 기도드립니다.

복제기 신앙

복제기에 대해 이야기하고자 합니다. 복제기는 동일한 제품을 똑같이 찍어내거나 제작할 수 있는 기계를 말합니다. 복제기가 아니라 생산기계나 생산라인이라고 해도 괜찮겠습니다. 복제기이든 제작기계든 아무튼 제품을 다량으로 만들어내는 기계가 있다고 하십시다.

난데없이 복제기를 이야기하는 까닭은 다음세대 사역에 관해 이야기하고 싶기 때문입니다. 우리는 다음세대를 반드시 준비해야 합니다. 지금의 우리 기독교에는 희망이 없다고 생각합니다. 서구 기독교의 전철을 그대로 따라가고 있습니다. 서구 기독교에 대해서 자세히는 모릅니다. 단지 복음이 사라져버린 것이 서구교회라는 것은 확실합니다. 그런데 우리의 교회도 거의 서구화되어버린 것이 현실입니다. 그러니 다음세대에 대한 염려나 대책을 생각하지 않을 수가 없는 것입니다.

지금 교회에 가보면 60~70대 성도들이 3분의 2 이상 앉아있는 경우가 보통입니다. 열 교회라면 그 중 한두 교회만 조금 골고루 앉아있고 나머지는 60대 이하가 20~30%도 안 되는 것이 현실입니다. 게다가 젊은 세대가 다소 앉아있는 교회라도 청소년 사역에 대해서는 자신 있게 내

세울 것이 별로 없다고 생각됩니다. 그러므로 한국 교회를 사랑하는 사람이라면 걱정하지 않을 사람이 없을 것입니다. 따라서 다음세대 사역을 행하는 교회나 목회자는 굉장히 훌륭한 것입니다. 어떻게 해야 할지 몰라서 손 놓고 있는 경우가 대부분이기 때문입니다.

그런데 다음세대를 길러낸다고 해도 지금까지 가르쳐왔고 행해왔던 신앙생활을 답습한다면 앞으로도 크게 달라질 것이 없는 결과가 주어질 것이 확실합니다. 왜냐하면 아무리 훌륭하게 가르치고 훈련한다고 해도 여태까지 우리가 주장하던 것을 뛰어넘을 수는 없기 때문입니다. 말하자면 우리가 최상위의 신앙이라고 생각하던 것을 다음 세대에게 전달하여도 또 그대로의 신앙을 답습하게 된다는 것입니다. 지금 현재의 사역과 가르침으로는 30년 후의 교회에 소망을 두기가 어렵다는 이야기입니다.

그것은 마치 구식 기계로는 묵은 제품을 생산할 수밖에 없는 것과 같은 이치입니다. 하나의 복제기로는 아무리 애를 써도 똑같은 제품만이 만들어질 뿐입니다. 아무리 기계를 깨끗하게 관리하고 닦고 기름 치고 조여도 같은 제품밖에는 생산할 수 없습니다. 보다 나은 제품들을 생산하려면 새로운 기계가 필요합니다. 지금 마치 이와 유사한 일이 교회에서 일어나고 있다는 말입니다. 지금 교회의 몰락을 가지고 온 것과 똑같은 가르침으로는 교회의 미래에는 기대를 걸 수가 없습니다. 왜냐하면 새 제품이기는 하지만 구식 제품이기 때문입니다.

지금 아무리 잘 가르치고 훈련시켜도 지금까지와 동일한 내용을 적용한다면 똑같은 신앙을 반복하는 것이고, 아무리 높은 차원의 훈련을 한다고 해도 결국은 똑같은 신앙에 불과하게 되는 것입니다. 시대에 맞는 전략을 사용하고 아이들의 유행에 맞추어서 내용을 신선하게 바꾸어도 결국 그것은 똑같은 내용을 다른 그릇에 담는 것에 불과하기 때문입니다. 아무리 최상위의 개념으로 무장하게 한다고 해도 그것은 그냥 약간 깨끗해지는 것일 뿐입니다. 현재의 기독교의 한계를 벗어날 수는 없다는 말입니다.

지금 다음세대사역을 활발하게 수행하는 훌륭한 분들의 헌신을 가볍게 보는 것이 결코 아닙니다. 더 효과적으로 한국교회의 미래를 책임질 수 있도록 하자는 이야기입니다. 제가 알고 있는 훌륭한 목사님과 교회의 이야기를 하고자 합니다. 이 교회는 젊은 층과 장년층이 고루고루 구성되어 있는 교회입니다. 더구나 청소년사역이 아주 활발해서 교회시설 자체가 거의 대안학교 수준으로 되어있는 교회입니다. 따라서 아이들의 부모들이 핵심성도들이기 때문에 아주 젊은 교회가 되어 있는 것입니다. 모든 교회들이 부러워할 만한 교회입니다. 저도 부럽습니다.

그런데 아이들 신앙훈련은 그냥 전통적인 방식 그대로입니다. 제가 직접 그 안에 들어가서 보고 들은 것이 아니지만, 전체적인 이야기들을 들어볼 때 전통적인 활동들을 자유롭게 펼칠 수 있도록 환경을 만들어준 것처럼 보입니다. 물론 어릴 때 이런 환경에서 신앙생활을 한 아이들은 이후에 성인이 되었을 때 교회에 잘 정착하여 교회를 떠나지 않고 신앙생활을 잘 할 것입니다. 그런데 그런다고 교회가 더 본질적으로 변화되는 것은 아닙니다. 즉, 교회는 여전히 위기일 것이고 지금보다 결코 더 나아지지 않고 여전히 가속도로 무너질 것입니다. 여기에서 다음세대 사역의 방향과 내용을 다시 생각해야 하겠다는 것입니다.

우리가 다음세대에 무엇을 기대해야 하겠습니까? 우리는 다음세대에게 더 높은 차원의 교회를 기대해야 합니다. 차원이 다른 교회의 주인공으로 만들어야 한다는 것입니다. 극소수를 제외하고는 기존의 목회자들에게서 기대할 것은 아무것도 없습니다. 이제까지 하던 것을 다른 접근법을 가지고 변화시킨다는 것은 거의 불가능에 가깝습니다. 계속해서 그렇게 흘러갈 것입니다. 그렇다면 우리는 어떻게 해야 한단 말입니까? 우리는 전혀 다른 세대를 준비해야 합니다. 지금 기독교가 쇠퇴하는 것은 어쩔 수 없다고 하더라도 무너진 성벽을 다시 세울 새로운 세대를 만들어내어야 한다는 것입니다. 그러면 30년 후부터는 새로운 기독교, 차원이 다른 성경적인 교회가 시작될 것입니다. 그러면 하나님도 다시 시작하실 것입니다.

개혁은 하나님이 하셔야지 우리가 하는 것이 아니라고 말합니다. 물론 당연한 이야기입니다. 우리가 앞장서서 개혁한다고 하여도 성령님께서 일하지 않으시면 그 어떤 일도 이루어지지 않습니다. 우리가 할 일은 성령님께서 일하시도록 우리를 비우는 일입니다. 지금 한국에서 해야 할 일은 본래의 기독교를 찾는 일이어야 합니다. 본질 본질 이야기하지만 대개는 그것이 본래의 기독교를 말하는 것은 아닙니다. 원형교회를 이야기하는 분들이 있는데 그것이 의미상 '본래의 기독교'에 가까울 것입니다. 그렇지만 그 설명을 들어보면 대개 복제기에서 나오는 이야기들과 별반 다를 것이 없어 보입니다. 그렇다면 어떻게 해야 한다는 말입니까?

사실 이 모든 것은 성경에 전부 제시되어 있습니다. 다만 말씀을 곧이곧대로 따르지 않을 뿐입니다. 말씀을 그대로 따라서 실천하고 행한다면 굳이 본질을 찾고 원형을 찾고 본래를 찾을 필요도 없습니다. 말씀에 축복을 찾고 관념을 찾고 성공을 찾으라는 구절이 있습니까? 없는데도 자꾸 실마리를 찾고 구실을 찾고 쥐꼬리 만한 근거를 찾으니까 문제가 되는 것입니다. 왜냐하면 그 길이 쉬운 길이기 때문입니다. 말씀대로 행하려면 손해를 보고 불이익을 당하고 비판을 받기 때문입니다. 그러나 있는 그대로의 말씀을 실천하려는 의지가 없다면 본질이든 원형이든 아무 소용이 없습니다.

다음세대사역 이야기를 하다가 '본래'를 찾고 원형을 찾는 것은, 그것이 아니라면 그 어떤 일도 그냥 복제에 불과할 뿐이기 때문입니다. 언제나 다음세대는 신속하게 다가옵니다. 가장 시급한 것은 실천과 행함의 운동입니다. 그리스도의 장성한 분량에까지 자랄 수 있도록 하는 것이 진심이라면 말씀 그대로를 실천하면서 본을 보여주는 운동이 펼쳐져야 합니다. 그것이 참된 변화이고 새로운 기독교가 아니라 본래의 기독교를 찾는 길이 될 것입니다. 변화가 아니라 열매에 초점을 맞추는 한, 다음세대도 아무 소용이 없을 것입니다. 저는 다음세대 사역은 아니지만 차세대의 기독교를 살리기 위해 지금까지 10여 년 전부터 나름 무지하게 애를 쓰고 있는 중입니다. 혹시 다음세대 사역을 훌륭하게 감당하고 있는 분들께 실례가 되는 내용이 있다면 용납하시기 바랍니다. 다 한국교회를 사랑해서 그러는 것이니까요.

분노를 버립시다

요즘 우리 한국 사회는 분노의 사회라고 불릴만합니다. 자기 생각과 조금만 다르면 별별 공격을 마구 퍼부어댑니다. 특히 민감한 사회 정치적 이슈들이 터질 때마다 거대한 분노의 소용돌이에 휘말립니다. 너나 할 것 없이 쉽게 분노하고 비난하고 상대를 진멸시키려고까지 듭니다. 정치적인 입장이나 지지대상을 밝히는 것은 나쁜 일은 아닙니다. 왜 그래야 하는지 분명한 의견이 있을 것이고 추구하는 방향이 있을 것입니다. 하지만 내 편은 무조건 옳고 상대편은 척결해야 할 대상이라고 생각한다면 그것은 잘못된 것입니다. 안타깝게도 지금 우리나라는 이런 오류에 빠져 있습니다.

건전한 비판, 건전한 지지를 하면서도 상대편을 인정할 수 있다면 얼마든지 자기 의견을 표현할 수 있을 것입니다. 그렇지 않고 내가 내 의견을 표출하는 순간 적대적인 세력과의 전투모드로 들어가게 된다면 이것은 심각한 문제가 아닐 수 없습니다. 불행하게도 우리나라는 이런 상황에 노출되어 있습니다. 쉽게 분노하고 쉽게 싸우게 되고 쉽게 공격하는 것이 오늘 우리 사회의 현주소입니다. 정치 논리에 휘말리면 자신도 모르게 그와 같아집니다.

그렇다면 기독교는 어떻습니까? 적어도 어느 한 편을 일방적으로 편들고 상대편을 무조건 청산의 대상으로 여기고 그것을 표출하지는 말아야 하지 않겠습니까? 아쉽게도 세상을 가라앉히는 것이 아니라 오히려 더 혼란스럽게 만들고 있는 것이 기독교의 현주소입니다. 그 원인은 무엇일까요? 기독교인들도 분노의 현실에 휩싸인 우리나라 사회의 어느 한 편일 수밖에 없기 때문일 것입니다. 쉽게 분노하고 공격하는, 다른 말로 하면 지나치게 방어적인 마음가짐 때문일 것입니다.

기독교인은 예수님을 생명으로 여기고 따르는 사람들입니다. 기독교인의 본은 예수님의 삶과 말씀입니다. 어느 신학자의 말이 아니라 말씀을 우선순위에 두어야 하는 사람들입니다. 분노에 찬 사람들과 기독교인들의 생각이나 삶이 똑같다면 어떻게 우리를 기독교인이라고 말할 수 있겠습니까? 적어도 기독교인은 무조건 비난하면 안 됩니다. 적어도 상대편 생각의 타당성에 관해 존중해 줄 수 있어야 합니다. 그것이 하나님의 진리와 반대되거나 영적싸움에 해당되지 않는다면 말입니다. 적어도 나와 다른 생각을 가진 사람이라고 해서 일방적으로 적이 되지는 말아야 합니다.

우리 사회는 지나치게 분노에 휩싸여 있습니다. 기독교인들도 사회적 풍조에 편승하여 자신도 모르게 분노의 시각들을 가지게 되었습니다. 그 동안 우리 정치는 감정에 의존하는 모양새가 되어 왔습니다. 감정 문제가 되어 버리니까 상대를 인정할 수가 없는 것입니다. 그래서 이제는 이성적으로 분별하는 사람들이 많아져야 합니다. 기독교인들은 감정보다는 이성적으로 세상에 대처할 수 있어야 합니다. 특히 기독교 지도자들은 감정적인 대응을 자제하고 보다 분별력 있는 태도를 지녀야 합니다. 정치적 견해가 다르다는 오직 한 가지 이유만으로 정죄하는 일은 없어야 합니다.

그 이성은 하나님의 말씀에 근거해야 합니다. 나는 다르게 생각하지만 성경 말씀이 옳다고 하면 옳은 것입니다. 나는 이것이 맞는다고 생각하지만 성경 말씀이 아니라면 아닌 것입니다. 성경 말씀이 기준이 되어야지 사회적 견해가 기준이 되는 것은 아닙니다. 예수님은 권력을 가진 지도자 전체를 비판하셨습니다. 어느 누구의 편이 되신 일은 없습니다. 종교지도자이든 정치지도자이든 그들이 가진 욕심과 부패와 죄악이 비판의 대상이었습니다. 정의의 편이 되셔서 불의를 지적하고 비판하고 나무라셨습니다. 어느 한 편이 정의이고 다른 한 편이 불의라고 하신 적이 없습니다.

우리는 신앙적 이성을 회복해야 합니다. 말씀에 근거한 기준을 다시 일으켜야 합니다. 가슴 속에 품고 있던 분노의 감정을 버려야 합니다. 그리하여 예수님께로 돌아가야 합니다. 신앙개혁이란 예수님 말씀이 회복

되도록 하는 것입니다. 예수님 말씀이 우리를 지배하도록 만드는 것입니다. 말씀 그대로 실천함으로써 예수님 말씀이 살아있는 말씀이 되도록 하는 것입니다. 그래서 예수님 말씀이 세상을 지배하도록 만들어드리는 것입니다. 분노를 버리고 예수님 말씀으로 다시 돌아가시기를 간절히 바랍니다.

"그러므로 각처에서 남자들이 분노와 다툼이 없이 거룩한 손을 들어 기도하기를 원하노라"(딤전 2:8)

책임감

저는 2002년 6월 1일에 교회 설립예배를 드림으로써 목회를 시작했고, 2022년 5월 29일에 마지막 예배를 드림으로써 담임목회를 완전히 은퇴했습니다. 그 동안 교회는 세상으로부터 더욱 심한 비판을 들을 정도로 급격하게 그 기능을 잃어버리게 되었습니다. 작은 교회 목사가 세상을 향해 할 수 있는 일이 별로 없었지만, 20년 동안 교회세속화와 기복주의가 더욱 가속화된 책임이 저에게도 있습니다. 왜냐하면 저는 신앙지도자였으니까요. 차라리 성도로 남아있었더라면 무거운 책임에서 다소 자유로울 수 있겠지만, 목사라는 타이틀을 가지고 20년 동안 설교한 것 때문에 책임에서 결코 자유로울 수 없는 것입니다.

그런데 교회의 종교화, 세속화, 번영화에 대해서 아무 책임도 없는 것처럼 말씀하시는 분들이 왜 그렇게 많을까요? 차라리 입을 다물고 있으면 그래도 괜찮겠는데 오히려 다른 데로 책임을 돌리는 사람들이 왜 그렇게 많을까요? 교회 책임, 신학교 책임, 교단 책임, 목사 책임, 보수 책임, 진보 책임 .... 책임지울 대상이 많아서 좋겠습니다. 아닙니다. 전부 우리 자신들의 책임입니다. 20년 동안 별로 한 일이 없는 제 책임입니다.

책임감을 느끼면 책임을 져야 합니다. 목회를 그만 두고서야 이런 책임감을 더욱 크게 느낍니다. 교회개혁, 신앙개혁을 언급한 적이 있거나 현재도 그런 주제로 말하고 있는 분들은 이제 거기에 대한 책임을 져야 합니다. 그 책임감은 하나님께로부터 오는 것이기 때문입니다.

먼저 우리 자신들의 허물을 생각해야 하겠습니다. 먼저 우리의 잘못을 인정해야 하겠습니다. 사회와 나라가 지금처럼 혼란스러운 데 대한 책임을 느껴야 합니다. 이제라도 정직하게 말씀 앞에 우리 자신을 비쳐보아야 합니다. 예수님 앞에 민낯으로 서야 합니다. 사람과 비교하지 말고 말씀과 비교해보아야 합니다. 결코 다른 사람이나 상황의 책임이 아닙니다. 우리 자신을 하나님 앞에 세워놓고 가면을 벗어야 합니다. 신발을 벗어야 합니다. 그리고 거기에서부터 이제 무엇을 할 것인지 고민해야 합니다. 벌거벗은 채 하나님의 음성을 기다려야 합니다. 그럴 때 비로소 하나님께서 시작하시기 때문입니다. 그 전에는 하나님은 마치 안 계신 것처럼 침묵하실 것입니다.

저는 정말로 아무 것도 한 일이 없기 때문에 책임이 너무나도 큰 사람입니다. 그래서 몸부림치면서 책임질 일을 하려고 애를 쓰고 있습니다. 저 한 사람만의 책임은 물론 아닙니다만, 책임감을 느껴야 하는 사람들 중의 한 사람으로서 마땅히 해야 할 일을 하려고 오늘도 노력하고 있습니다.

산 이야기

현대 신앙인들을 무엇에 비유할 수 있을까요? 예수님은 장터 이야기를 하셨습니다.

> **"또 이르시되 이 세대의 사람을 무엇으로 비유할까 무엇과 같은가 비유하건대 아이들이 장터에 앉아 서로 불러 이르되 우리가 너희를 향하여 피리를 불어도 너희가 춤추지 않고 우리가 곡하여도 너희가 울지 아니하였다 함과 같도다"**
> (눅 7:31~32)

저는 히말라야와 같은 높은 산을 등반하는 이야기에 비유하고 싶습니다. 산 아래 동네에는 여러 상점들이 있습니다. 거기에는 명승지나 유적지처럼 산 안내도나 산에 대한 사진이나 이야기책들을 팔고 있습니다. 현대 신앙인들은 그런 책이나 자료들을 구입해 가지고 등산로 입구에 모여 있는 사람들과 같습니다. 그들은 실제로 등산을 하지는 않습니다. 그렇지만 그들은 등산에 필요한 옷차림과 도구들을 고루 갖추고 있습니다. 그들 중에는 자일이나 암벽등반에 필요한 장비까지 가지고 있는 사람들도 있습니다. 심지어는 얼어붙은 눈길을 걷기 위한 아이젠까지도 소지하고 있습니다. 하지만 어느 누구도 결단하여 등산을 시작하지는 않습니다.

물론 안내인도 있습니다. 하지만 이 안내인도 사람들이 올라가자고 하지 않는데 억지로 갈 필요는 없습니다. 더구나 이 안내인은 산 중턱에도 가보지 못한 사람입니다. 그냥 산에 대해서 설명만 하고는 끝입니다. 실제로 가보지 못했으니까요. 이래저래 산에 가려고 모인 사람들이지만 산에 대한 이야기만 잔뜩 듣고 산에 대한 사진이나 그림들을 감상만 하고 있습니다. 때로 산에 올라갔다 내려온 사람들을 발견하고 그들의 이야기를 실감나게 듣지만 안내인이 안내를 하지 않으니까 아무도 올라가지 못하고 있습니다.

높은 산에 등반을 하려면 산 아래에 베이스캠프를 설치해야 합니다. 베이스캠프는 산꼭대기까지 올라가는 데 필요한 모든 물품들을 보관하는 장소입니다. 등산을 하려면 반드시 베이스캠프를 거쳐야 합니다. 그런데 사람들은 이 베이스캠프까지도 가지 않으려고 합니다. 왜냐하면 산 아래에서 할 일도 많고 즐거운 일들도 많기 때문입니다. 산 입구에는 오락실도 있고 게임시설도 갖추어져 있습니다. 여기에 집중하다가 보면 산으로 오를 생각을 잊어버리게 되는 것입니다. 일단 베이스캠프까지라도 가면 산에 오를 준비가 되는 것이고 도전할 기회가 주어지지만 산 아래에서만 있으면 그런 것들은 까맣게 잊어버리고 즐거운 일들에만 몰두하게 되는 것입니다.

신앙의 1차적인 목표는 베이스캠프까지 가는 것입니다. 산 아래에만 있으면 온갖 세상 사람들과 뒤섞이며 분주한 생활을 하게 되지만 베이스캠프에서는 그런 일들과는 멀어지게 됩니다. 산에 온 진짜목적을 잊어버리지 않게 됩니다. 더구나 수시로 산 정상에 올라가는 사람들과 산을 정복하고 내려오는 사람들로부터 진짜 산에 대해서 배우게 됩니다. 그들의 목표를 산에 진짜 올라가는 것으로 높이게 됩니다. 산 아래에서는 다른 사람들과 구별이 되지 않습니다. 그러나 베이스캠프에 도달하면 세상과는 구별되는 모습을 보일 수 있게 됩니다. 물론 이것은 물리적인 공간을 이야기하는 것이 아닙니다.

베이스캠프에서도 막상 등산을 시작하지 않으려는 사람들이 있으니까 문제가 될 수는 있겠지만, 모든 그리스도인들은 일단 이 베이스캠프에까지 도달해야 합니다. 대다수의 신앙인들은 베이스캠프가 아니라 산 아래에 모여서 산 이야기만 하는 사람들과 같습니다. 안내인도 베이스캠프에 가보지 못했기 때문에 자신 있게 인도하지를 못합니다. 안내인은 목회자들입니다. 기독교개혁이란 이 베이스캠프까지 올라가게 만드는 것입니다. 거기까지만 올라가도 세상을 온전하게 이길 수 있습니다. 처음 믿은 성도들까지 베이스캠프로 인도하는 것이 교회개혁의 열쇠가 될 것입니다.

그리스도인으로서 정치세력을 극렬하게 지지하는 사람들은 엄밀하게 말해서 그리스도인이 아닐 수 있습니다. 서로가 손가락질을 하면서 서로가 하나님을 자기편으로 끌어들이려고 하는 사람들입니다. 스스로 하나님의 편이 되려는 사람은 찾아보기 어렵습니다. 미안하지만 예수님은 누구의 편을 드시는 분이 아닙니다. 하나님을 알지도 못하는 사람들끼리 치고받고 하는데 어떻게 누군가의 편을 드신다는 말입니까? 성경에도 무조건 가난한 사람들의 편이 되라는 말씀은 없습니다. 그들을 사랑하라고 했을 뿐입니다. 부자라고 무조건 미워하는 것이 아니라 그들의 부유한 심령을 미워하시는 것입니다. 성경에는 부자로서 의인도 얼마든지 나옵니다. 아무튼 모든 정치적인 생각을 내려놓고 예수님의 편이 무엇인지를 냉정하게 생각해보아야 합니다. 그렇지 않으면 하나님과 전혀 관계없는 사람이 될 뿐입니다.

4부 하나 됨을 위하여
(그리스도인과 정치)

가장 불쌍한 사람들

우리나라에서 가장 불쌍한 사람들을 저는 정치가들이라고 생각합니다. 왜냐하면 그들은 다른 사람들을 비방하고 공격하고, 있는 사실을 크게 부풀려서 상대방을 모함하며, 없는 사실까지 뒤집어씌워 상대방을 죽이려고 하는 사람들이기 때문입니다. 칼만 안 들었지 반대편을 죽여야만 사는 사람들입니다. 인격적인 사람도 정치가가 되면 가만히 있어서는 안 됩니다. 가만히 있으면 정말로 나쁜 사람이 되기 때문입니다. 그래서 상대방과 또 똑같이 공격하고 비난하고 모함하여 죽이려고 합니다. 정치가들은 죽여야만 자기가 살아나는 운명에 갇혀있는 아주 불쌍한 사람들입니다. 그들은 심하게 말하면 저주받은 인생들입니다.

누가 그들에게서 미풍양속을 배우고 서로 배려하고 사랑하는 법을 배울 수 있겠습니까? 어떻게 인간의 가장 고귀한 성품을 그들에게서 기대할 수 있겠습니까? 그들은 보통 인간들에게서 발견할 수 있는 가장 나쁜 점들만 모든 국민들에게 고스란히 보여주는 사람들일 뿐입니다. 더러운 시궁창에서 함께 뒹굴면서 정의니 공평이니 정직이니 하는 위선적인 언어들만 쏟아내고 있습니다. 아무튼 그들은 가장 저급하고 불쌍한 사람들입니다.

그런데 정치가들보다 훨씬 더 불쌍한 사람들이 있습니다. 그들은 그 정치가들의 논리에 빠져들어서 그 정치가보다 오히려 반대파를 더 미워하는 사람들입니다. 정치가들은 그렇게 싸우고도 또 서로 회해하기도 하고 다른 편으로 가기도 합니다. 그러나 열성 지지자들은 그 정치가들보다 훨씬 더 큰 미움으로 상대편을 공격하고 있습니다. 다른 이유는 없습니다. 단지 서로 다른 정치가들을 좋아하고 따라가고 있기 때문입니다. 이들은 정치가들의 논리를 확대재생산해내는 사람들입니다. 정치가들이 차마 자기 입으로 하지 못할 말을 적극 지지층들은 서슴없이 마치 자기 가족을 해친 원수라도 되는 것처럼 비난해댑니다. 말로만이 아닙니다. 정말로 그들은 그렇게 상대편을 극렬하게 미워합니다. 정치인들은 자기가 살려고 그런다고 하겠지만 이 극렬지지층들은 자기가 살기 위해서도 아닙니다. 그저 자기편이기 때문에 지나치게 사랑하는 것이고 자기편이 아니기 때문에 극렬하게 미워하는 것일 뿐입니다. 세상에 참 아름다운 일도 많은데 그들은 그냥 미워하고 공격하기만 합니다. 자기들끼리만 사랑합니다.

하지만 그렇게 정치적으로 열을 올리는 사람들보다 더 불쌍한 사람들이 있습니다. 그들은 그런 정치가들의 정치에 의해 지배를 받고 살아야 하는 모든 국민들입니다. 도대체가 정치가들에게서 배울 점이라고는 눈을 씻고 보아도 본받을 점이 없는데 그런 하찮은 인간들의 지배를 받아야 한다는 것입니다. 인간으로서의 가치가 보잘것없는 사람들이 정치가들인데 그들의 지배와 통치를 받아야 한다는 점은 땅을 치고 통곡을 해도 시원치 않을 정도입니다.

국민들이 할 수 있는 일은 고작 선거철에 되어서 자기가 옳다고 생각하는 사람들에게 한 표를 던지는 일밖에는 없습니다. 그가 어떤 위치에 있든 한 표밖에 행사하지 못합니다. 그래서 국민들은 그나마 정치가들의 언행에 관심을 가지고 귀를 기울여야 하는 것입니다. 못나거나 못된 정치가들의 지배를 받아야 하기 때문에 이것은 굉장히 중요한 일입니다. 앞으로 몇 년 동안의 삶을 좌우할 것이기 때문입니다. 정말 냉정해야 합니다. 정치가들이나 극렬 지지층의 말에 귀를 닫고 자신만의 판단력으로 실제적인 유익을 줄 수 있는 정치가들을 선택해야 합니다. 정치란 기본적으로 국민들이 편안하고 잘 살게 만들어 주기 위해 행하는 것이기 때문입니다.

하지만 그런 국민들보다 더욱더 불쌍한 사람들이 있습니다. 그들은 그리스도인으로서 어느 한쪽에 완전히 빠져있는 사람들입니다. 그들은 하나님의 말씀을 절대로 듣지 않습니다. 그보다는 상대편에서 그토록 싫어하고 미워하는 그런 정치가들의 말만 듣습니다. 그리스도인이라고 하면서 성경과 복음의 기준으로 분별하려는 마음은 전혀 없고 오직 살면서 자기가 겪은 경험만 가지고 판단합니다. 예수님과는 전혀 관계없습니다. 때로는 오히려 성경을 왜곡하여 자기가 편드는 정치세력을 합리화하려고까지 합니다. 물론 본인은 전혀 깨닫지 못합니다. 예수님은 오직 자기들 편만 드실 것이라고 확신합니다.

그리스도인으로서 정치세력을 극렬하게 지지하는 사람들은 엄밀하게 말해서 그리스도인이 아닐 수 있습니다. 서로가 손가락질을 하면서 서로가 하나님을 자기편으로 끌어들이려고 하는 사람들입니다. 스스로 하나님의 편이 되려는 사람은 찾아보기 어렵습니다. 미안하지만 예수님은 누구의 편을 드시는 분이 아닙니다. 하나님을 알지도 못하는 사람들끼리 치고받고 하는데 어떻게 누군가의 편을 드신다는 말입니까? 성경에도 무조건 가난한 사람들의 편이 되라는 말씀은 없습니다. 그들을 사랑하라고 했을 뿐입니다. 부자라고 무조건 미워하는 것이 아니라 그들의 부유한 심령을 미워하시는 것입니다. 성경에는 부자로서 의인도 얼마든지 나옵니다. 아무튼 모든 정치적인 생각을 내려놓고 예수님의 편이 무엇인지를 냉정하게 생각해보아야 합니다. 그렇지 않으면 하나님과 전혀 관계없는 사람이 될 뿐입니다.

그러나 마지막으로, 정말 이런 표현이 송구스럽지만, 정말 불쌍한 분이 계십니다. 그런 그리스도인들을 이 땅에 보내시고 (정말로 하나님으로부터 보내심을 받았는지는 잘 모름) 그들이 그리스도를 대신하여 세상에서 하나님과 이웃을 사랑하도록 기다리고 계신 하나님이십니다. 물론 하나님은 불쌍하신 분이 절대 아닙니다. 누구의 판단을 받는 분이 되실 수 없습니다. 하지만 하나님께서는 얼마나 한탄하고 계시겠습니까? 천지창조 후에 인간의 타락을 보시고 한탄하셨는데, 오늘날에는 예수님으로 구원의 길을 여신 것을 한탄하지는 않으실까 하는 너무나도 안타까운 생각을 이야기하는 것일 뿐입니다.

물론 그리스도인이라고 해도 자신이 지지하는 정치인이나 정당이 있습니다. 당연한 이야기입니다. 하나님은 그런 모든 의견을 포용하시는 분입니다. 그러나 자기 의견을 정당한 방법으로 주님 안에서 판단하고 의견을 투표로 표현하는 것이 모든 그리스도인의 기본적인 자세라야 합니다. 지금 대한민국의 기독교인들은 완전히 쪼개져 있습니다. 서로 사랑하는 마음으로 협력하고 사역을 함께 하다가도 정치적인 견해가 드러나면 갑자기 마음이 싸늘하게 식어버립니다. 이래서는 교회가 세상의 빛과 소금이 될 수 없습니다. 은혜롭게 책을 읽다가도 정치적 견해가 반대로 나타나면 갑자기 은혜가 사라져버립니다. 우리 기독교인들은 무조건 예수님을 따라가는 사람들입니다. 설혹 자신과 정반대 의견을 가진 사람이라도 같은 그리스도인이라면 마음이 떠나지 않고 서로 교류할 수 있어야 합니다. 서로가 서로를 인정할 수 있어야 합니다. 그래야 하나님을 불쌍한 분으로 만들지 않을 수 있습니다. 오직 예수님의 마음만을 생각하고 따라가야 하겠습니다.

정치논리에서 빠져나오십시오

정치논리는 전쟁논리와 똑같습니다. 전쟁논리는 상대방을 죽여야 자기가 살게 되는 원리입니다. 정치는 전쟁처럼 정말로 죽이는 것은 아니지만 상대방을 이겨야 한다는 점에서는 동일합니다. 그래서 정치에서는 자꾸 상대방에게 싸움을 걸어야 하고, 상처를 입히되 치명적인 상처를 입혀야 하고, 수단과 방법을 거의 가리지 않고 거짓이나 모략으로 무너뜨리려고 하는 것입니다. 그리고 정치이기 때문에 상대방보다 더 많은 수의 지지자들을 확보해야 하는데, 어떻게든지 자신의 정당성과 상대의 부당함을 극대화하여 사람들을 설득하게 되는 것입니다. 정치가 전쟁과 다른 점은 정치는 사람들을 얼마만큼 자기편으로 끌어들이느냐에 따라 승패가 판가름 난다는 것입니다.

정치논리의 가장 큰 특징은 상대방을 악으로 몰아붙여야 하는데, 사실 정치의 어느 한편이 도덕적으로 다른 한편보다 월등하게 우월한 경우는 거의 없습니다. 어느 두 나라 사이에 전쟁이 벌어졌다고 합시다. 이 전쟁은 옳고 그름의 대결이 아니라 누가 더 강하고 더 큰 이익을 얻을 수 있느냐의 대결입니다. 자기 나라에 훌륭한 사람이 있고 남을 도와주는 사람도 있지만 도둑질하거나 악한 사람들도 있는 것과 마찬가지로 상대편 나라에도 동일하게 선인과 악인이 섞여 있습니다. 마찬가지로 정치집단 내에서도 옳은 사람과 잘못된 사람이 섞여 있습니다. 그런데 정치논리에 빠지면 자기 편 외에는 전부 악인으로 몰아붙여 버리게 되는 것입니다.

정치인들과 그들과 직간접적으로 연관된 사람들이야 그런 논리를 적극 활용하여 사람들의 생각을 지배하려고 하겠지만, 그 정치를 바라보는 국민들은 어떤 집단의 무조건적인 편이 되는 것보다는 정치현실에서 조금 떨어져서 냉정하게 바라볼 필요가 있을 것입니다. 정치적으로 반대편에 있다고 해서 상대방을 사라져야 할 패거리들이나 원수쯤으로 확신하고 공격하거나 반대편을 무너뜨리기 위해 약점이나 잘못을 침소봉대하여 적극적으로 공략하는 일은 바람직하다고 할 수는 없을 것입니다. 물론 정치인들은 그런 원리를 잘 이용하여 서로 간에 존재이유를 강화시킴으로써 피아간에 유익을 얻으려고도 할 것입니다.

이와 같이 정치란 기본적으로 전쟁논리에 기인하는 행위이기 때문에 국민들은 심정적으로든 논리적으로든 어느 한 편을 들게 되더라도 가능하면 사안별로 냉정하게 생각해볼 필요가 있습니다. 저는 여기에서 어느 한 편을 들지 말라거나 철저하게 중도를 지키라거나 침묵하라고 말하는 것이 아닙니다. 자신의 정치적 견해를 충분히 피력할 수 있는 권리가 있는 만큼 상대방의 말에도 귀를 기울여줄 줄 알아야 되겠다는 말씀을 드리고 싶은 것입니다. 정치적으로 반대편에 있는 사람들을 향하여 입에 담을 수 없을 정도의 욕지거리를 내뱉는다거나 정말 살의를 품는 것 같은 무시무시한 말들을 쏟아내는 것은 우리들의 삶과 나라의 앞날에는 도움이 되지 않는다는 말씀인 것입니다.

세상에서는 그럴 수 있다고 하지만 기독교 신앙인들은 그런 이분법적인 잣대에서 벗어나야 한다고 생각합니다. 왜냐하면 신앙인들은 정치적으로 어느 한 편에 있는 사람들이 아니라 하나님의 뜻을 생각하고 그 뜻을 발견하고 그 뜻을 따라 살아가야 하는 사람들이기 때문입니다. 물론 기독교인들이라도 살면서 자라온 환경이라든가 경험한 삶의 내용들이 다 다르기 때문에 그만큼 정치적 입장도 충분히 다양할 수 있다고 생각합니다. 다만 정치논리에 빠져 같은 그리스도인들끼리 서로 해치워야 할 집단이라고 간주하고 공격해서는 안 되겠다는 것입니다.

기독교 신앙은 정치논리와는 전혀 상반된 원리를 가지고 있습니다. 정치논리가 자신이 살기 위해 상대를 죽여야 하는 논리라면, 신앙의 원리는 상대를 살리기 위해 내가 죽어야 하는 원리입니다. 그러니까 정치논리와 신앙원리는 정면충돌할 수밖에 없는 속성을 가지고 있습니다. 정치논리와 신앙원리는 공존할 수 없습니다. 그런데 누군가가 그리스도인이면서 정치논리를 품고 있다면 그리스도인도 아니고 정치인도 아니게 되는 것입니다. 하지만 수많은 그리스도인들이 정치논리에 빠져 말씀보다는 정치적 입장을 따라 생각하고 행동하는 것을 봅니다.

이 글이 모든 것의 기준이 될 수도 없고 또 결코 충분하지도 못하며 또한 세상이 그렇게 단순하지도 않지만, 신앙인이라면 신앙원리를 따라 살아야 하는 것만은 틀림이 없습니다. 만약에 신실한 신앙인인데 사고방식과 말하는 것과 행동하는 것이 정치논리를 따라 가고 있다면 그 사람은 빨리 말씀으로 돌아와야 합니다. 왜냐하면 정치논리보다 신앙원리가 우선되어야 하는 것은 너무나도 자명하기 때문입니다. 그렇기 때문에 신앙원리와 정치논리가 부딪칠 때에는 반드시 신앙의 원리 아래에 들어와야 하는 것입니다. 그럴 때에야 하나님께서 일하실 수가 있게 되는 것입니다.

저는 보수적인 사람입니다만, 그래서 극단적이고 급진적인 사람을 볼 때에는 몹시 불편하지만, 그렇다고 그들을 이 세상에서 사라져야 할 악의 축으로 보지는 않으려고 노력합니다. 반대로 같은 보수적인 사람들 중에서도 극단적이고 흑백논리로 무장한 사람들을 보면 역시 똑같이 불편합니다. 하지만 어느 쪽이든 만약에 그들이 사라져야 할 대상이라면 만민을 위한 예수님의 십자가 죽으심은 아무 공로도 없게 될 것입니다. 서로 간에 도저히 이해할 수 없는 부분들이 분명히 있음에도 불구하고 신앙 안에서는 그 자체로 인정해 주어야 할 필요가 있는 것입니다. 그렇게 된다면 기독교 신앙인들은 적어도 서로를 용납할 수 있는 정도, 곧 주의 일을 위하여 서로 함께 일할 수 있는 여지가 남게 되는 것입니다.

저는 진보적인 단체에서 여는 프로그램에도 몇 번 참석한 일이 있습니다. 분명한 것은 저와 생각이 전혀 다른 분들도 충분히 진정성이 있고 나름대로 충성하고 헌신하는 분들이라는 사실입니다. 다만 제가 절벽처럼 느낀 것은 앞서 말한 정치논리로만 이야기할 때였습니다. 상대편은 아예 그런 존재들, 곧 부도덕하고 무지하며(의식 면에서) 절대로 구제할 수 없는 존재로 결정해버리고 나서 그런 전제 하에 이야기를 하는 사람들을 대할 때에는 저의 열린 마음도 막혀버리고 마는 것을 느꼈습니다. 같은 그리스도인들이라면 그렇게 결정해버리면 안 됩니다.

이 글의 의도를 아시겠습니까? 우리 그리스도인들은 정치논리에 빠지지 말고, 비록 자신과 생각이 전혀 반대되더라도 적의를 품지는 말아야 하겠다는 것입니다. 그럴 때 그 사람에게는 말씀이 작용하기 시작하는 것이고, 하나님의 나라를 만들어나가기 위한 형제연합이 가능해지는 것입니다. 그래서 적어도 서로가 이해할 수는 없다 하더라도 기독교 신앙 안에서 상대를 인정하고 용납하는 그리스도의 참된 형제우애가 가능해지기를 바라는 것입니다. 일방적으로 상대를 적으로 몰아붙이는 일이 신앙인의 삶이 된다면 우리의 감정 자체가 결코 돌이킬 수 없게 되어 버리고, 그렇게 되면 정치적인 입장에만 매몰되어 그리스도의 제자로서의 삶을 사는 일은 불가능해지는 것입니다.

정치논리는 감정싸움을 불러일으키고 감정싸움은 극심한 편 가르기로 귀착되며 결국 국민들끼리 패가 갈려서 어느 한 편도 완전히 이길 수 없는 싸움을 하게 만드는 것입니다. 정치인들은 성공 혹은 실패했다고 할지 모르지만 나라는 어지럽고 병들게 되어버리는 것입니다. 그러므로 기독교 신앙인들은 어지러울 때에 상대편을 보고 적의를 불태우지 말고 위를 향하여 하나님을 쳐다보고 하나님의 뜻, 말씀의 원리를 찾아가야 할 것입니다. 쉽지 않지만 그 과정에서 우리의 신앙이 위력을 발휘하게 될 것입니다. 그럴 때 비로소 하나님의 개입이 가능해질 것입니다.

내가 옳다고 생각한다면 상대방도 옳은 부분이 반드시 있습니다. 물론 정말 악의적인 사람도 있습니다만, 우리는 지금 신앙 안에서 말씀에 순종해 나갈 수 있는 이야기를 하고 있습니다. 정치적으로 반대편에 있는 사람들을 그대로 인정해 주는 것, 이것이 실제 삶에서 그리스도의 의를 드러낼 수 있는 출발점이 된다고 생각합니다. 특별히 우리나라는 남북 대치 상황이기 때문에 너무나도 복잡한 문제들이 지독히도 얼기설기 얽혀 있어 영적인 분별력이 굉장히 필요하지만, 정치논리로 서로 비판하고 공격한다면 영적인 분별력이고 뭐고 아무 기능을 할 수 없을 것입니다. 일단은 그리스도 안에서 서로를 인정하는 신실한 신앙인들이 다 되시기를 진심으로 기원합니다.

기독교인의 정치참여

기독교인들이 정치에 개입해야 한다고 말하는 분들에게 묻고 싶습니다. 우선 왜 각자 지지하는 정당이나 정치인을 예수님보다 더 높게 둡니까? 예수님의 말씀은 잘 이해하지도 못하고 실천하지도 못하면서 정치인들의 한 마디에 열과 성을 다해 따르려고 하는 것이 어떻게 기독교인의 정치참여입니까? 예수님을 비방하고 하나님의 영광을 더럽히며 성경과는 정 반대로 가는데도 변함없이 그들을 지지하는 것이 어떻게 예수님 사랑입니까?

자신이 지지하는 정당이나 정치인들을 반대하고 비판하는 편에 대해서는 아예 귀를 닫고 악의 무리로 비방한다면 그것은 기독교인의 정치참여가 아닙니다. 상대편의 실수나 작은 범죄나 거짓에 대해서는 이를 악물고 무조건 비방하면서 자기편의 실수나 범죄나 거짓에 대해서는 그것이 월등하게 큰데도 불구하고 무조건 옹호한다면 그 사람은 과연 예수님을 믿는 사람입니까?

기독교인의 정치참여는 과연 어느 편이 예수님의 가르침에 더 합당한가에 대한 분별이 먼저 있어야 합니다. 무조건적인 지지나 비방은 결코 그리스도인이 취해야 할 태도는 아닙니다. 왜냐하면 상대편에서도 할 말이 분명히 있고 사정이 분명이 존재하기 때문입니다. 상대방의 입장에 잠시라도 서 볼 수 없는 사람이라면 그는 예수님을 사랑하는 사람이 아닙니다. 예수님은 자신이 대접받고 싶은 대로 남을 대접하라고 하셨습니다. 무슨 고리타분한 이야기냐고 할 수도 있고 현실을 무시하거나 너무 모른다고 비판할 수도 있을 것입니다. 그러나 그리스도인이라면 적어도 예수님의 가르침을 현실에서 그대로 적용해 보려는 마음은 있어야 할 것이 아니겠습니까?

거짓과 편 가르기는 마귀의 가장 오래된 주요 전술입니다. 정치인들은 편을 갈라야 합니다. 내 편을 많이 만들기 위해서입니다. 그것이 정치인의 특징이고 고래로부터 현재에 이르기까지, 그리고 미래에까지 계속 그럴 것입니다. 그런 가운데에서 우리의 신앙을 지키려면 어떻게 해야 하겠습니까? 성경에도 정치인들의 모습은 지속적으로 등장합니다. 오늘날의 정치인들과 조금도 다를 것이 없습니다. 그들은 하나님의 명령을 듣고 순종하면 성군이요 성공한 정치인이 되었고 우상을 섬기며 하나님의 말씀을 멀리하면 반드시 실패하는 정치인이 되었습니다.

오늘날 정치인들 중에는 적어도 절반 이상은 불신자들입니다. 40% 가까이 되는 크리스천 정치인들도 그들이 정말 신앙인이라고 인정할 수 있는 경우는 소수일 것입니다. 하나님의 말씀을 들으려고 하지 않는 정치인은 그냥 명목상의 기독교인일 뿐입니다. 그런 정치인들을 어떻게 믿고 예수님보다 더 환영하겠습니까? 물론 누구나 정책적이든 지역적이든 선호하는 정치인이 있을 수 있고 마음이 가는 정치인이 분명히 존재합니다. 그러나 그렇다고 해서 무조건적으로 어떤 정치인을 지지하고 응원한다면 잘못되어도 몹시 잘못된 것입니다. 이것을 생각하지 않으면서 어떻게 기독교인의 정치참여 운운할 수 있겠습니까?

그리스도인의 정치참여는 말씀중심이어야 합니다. 하나님의 말씀에서 벗어난 법안을 만들려고 한다든가 자기 혹은 자기편의 성공을 위해서 수단방법을 가리지 않는 정치인이라면 과감하게 지지를 포기해야 합니다. 그럼에도 불구하고 심정적으로 응원할 수는 있습니다. 그럴 때에는 자기의 논리를 가져야 합니다. 자기만의 논리가 아니라 타인의 견해를 받아들이고 자신의 견해를 피력할 수 있는 논리를 말합니다.

일방적이고 무조건적으로 누군가를 지지하기만 하는 사람이라면 그는 결코 온전한 그리스도인이 될 수 없습니다. 분명히 비성경적이고 세속적인 주장을 펼치는 정치인에 열광한다면 그는 예수님을 섬기는 사람이 아니라 그 정치인을 교주로 섬기는 종교인일 뿐입니다. 대화가 되지 않는 지지층에 속해있다면 그는 분명하게 잘못된 것입니다. 대화가 되어야 상대편의 말에 대한 수긍도 하고 잘된 것은 잘 되었다, 잘못 된 것은 잘못되었다 인정할 수가 있는 것입니다. 그래야 편 가르기가 사라지고 거짓과 진실을 분별하게 되는 것입니다.

기독교인은 분명히 정치에 참여할 수 있어야 합니다. 그러나 신앙이 성을 가지고 있어야 합니다. 우리는 전쟁을 하는 것이 아닙니다. 더 좋은 나라로 만들려는 것입니다. 기독교인이라고 해서 영원한 하늘나라만 지향해야 하는 것은 아닙니다. 좋은 나라로 만들기 위한 정치참여는 다른 의미에서는 적극적인 이웃사랑입니다. 원수라도 사랑하라고 하신 예수님의 말씀을 떠올려보면, 원수는 사랑하면서 우리의 이웃인 다른 국민들에 대해서 배척하고 공격하고 편 가르기를 한다면 그것은 예수님의 말씀을 거꾸로 해석한 것입니다.

반대편을 지지하는 사람일지라도 대화가 되고 상대방을 이해하려고 하는 사람은 용납하고 공존할 수 있습니다. 그러나 무조건적으로 공격하고 비난하는 사람과는 결코 공존할 수가 없습니다. 지금 이 나라는 서로 상대방 때문에 나라가 망해가는 것처럼 이야기하고 있습니다. 예수님을 믿지 않는 다른 사람들은 모르겠습니다. 그들은 그렇게 하는 것이 당연하다고 생각하기 때문입니다. 그러나 예수님을 믿는 사람이라면 예수님의 말씀과 그 마음과 뜻이 우선입니다. 그렇지 않다면 그의 믿음은 헛것일 수 있습니다.

마지막으로 하나님께 대한 우리의 자세를 말해야 합니다. 이 세상 역사의 주관자는 누구입니까? 당연히 여호와 하나님이십니다. 기독교인의 정치참여는 함께 사는 다른 국민들을 사랑하기 때문에 행하는 것이어야 합니다. 정치를 통해 이웃에게 도움이 되고 더욱 좋은 나라로 나아가게 하려는 것이기 때문입니다. 그렇다면 기독교인의 정치참여의 궁극적인 목적은 무엇입니까? 하나님의 뜻이 우리를 통해 정치에 반영되어 하나님께서 나아가고자 하시는 방향으로 나아가게 하는 것입니다. 그렇지 않다면 아무리 나라가 좋아지고 부강해졌다고 해고 아무런 의미가 없어질 것입니다. 그것이 하나님과 관계없는 것이라면 무슨 의미가 있겠습니까?

그렇다면 하나님의 뜻은 어떻게 이루어지겠습니까? 내가 아무리 옳다고 하더라도 하나님이 보시기에 잘못된 것이라면 하나님은 그냥 외면하실 것입니다. 그래서 기독교인의 정치참여는 하나님의 뜻을 따라가면서 그 뜻이 세상에서 조금이라도 이루어질 수 있도록 하는 방향으로 나아갈 때에 진정으로 유효하게 되는 것입니다. 기독교인의 입장에서 볼 때 정말 하나님의 말씀과 방향이 일치하도록 나아가는 정치인은 지지하고 응원해야 하지만 하나님의 말씀과 정반대로 나아가고자 하는 정치인은 아무리 심정적으로 지지하는 사람일지라도 지지하고 응원하면 안 됩니다.

선호하는 정치세력과 정치인은 있을 것입니다. 그러나 기독교인의 정치참여는 선택적이어야 하는 것입니다. 내가 지지하는 정당이나 정치인일지라도 말씀과 반대되는 것이라면 마땅히 반대해야 합니다. 기독교인의 정치참여는 반드시 하나님 중심, 말씀 중심의 태도를 견지할 때 그 정당성과 당위성이 세워지는 것입니다.

> **"자녀들아 너희는 하나님께 속하였고 또 그들을 이기었나니 이는 너희 안에 계신 이가 세상에 있는 자보다 크심이라 그들은 세상에 속한 고로 세상에 속한 말을 하매 세상이 그들의 말을 듣느니라"(요일 4:4~5)**

하나님이 하시게 해야 합니다

신앙인들에게 있어서 가장 큰 문제는 무엇일까요? 여러 가지가 있겠지만 그 중의 한 가지는 사람이 하나님 대신 모든 것을 하려고 하는 점일 것입니다. 하나님 대신 사람이 하려는 생각에는 사람에게 보이려는 생각이 들어 있을 것입니다. 겉으로는 하나님의 영광을 위해서라고 하면서 사실은 잔치의 윗자리와 회당의 높은 자리와 시장에서 문안 받는 것과 사람에게 랍비라 칭함을 받는 것을 좋아하는 생각이 그대로 들어 있는 것입니다. 모두 다 사람에게 보이려고 하는 것입니다. 물론 하나님께서 기뻐하시는 마음과 열정으로 앞장서서 일하는 분들도 많이 있습니다. 그것을 금방 분별하는 일은 불가능에 가깝겠지만, 분명히 순수한 마음으로 행하고 있습니다. 본인들은 너무나도 당연하게 하나님을 향한 열정을 불태우고 있다고 생각할 것입니다.

그러면 된 것이 아닙니까? 혹시 무의식적으로는 그런 자랑과 명예를 원해서 그럴 수 있다고 해도 적어도 스스로 생각하기에는 참된 종으로서의 역할을 감당하고 있다고 생각할 것입니다. 그런데 여기에서 문제가 발생합니다. 스스로 열정적이면 열정적일수록 하나님과는 멀어질 수 있다는 사실입니다. 열정에 파묻히면 그 일만 보입니다. 그 일을 손에 잡고 계시는 하나님은 안 보입니다. 그 하나님 안에서 하나가 되어야 할 사람도 안 보입니다. 오직 목표만 보입니다. 그 목표에 사로잡히면 모든 것을 그 목표에 합리화시켜버립니다. 오직 자기만이 옳고 예수님께서 위하여 죽으신 반대편의 사람은 안 보입니다. 목표가 행위와 과정을 삼켜버립니다. 그래서 자기가 모든 것을 스스로 하려고 하게 됩니다.

정치현안에 열심인 분들을 봅니다. 정치인들의 논리에 사로잡힌 것을 봅니다. 상대방을 악마화시키고 공격하는 것을 봅니다. 자기편이 저지르는 웬만한 잘못은 잘못으로 안 봅니다. 과거의 역사부터 끄집어냅니다. 일반인이라면 얼마든지 그럴 수 있습니다. 원래 그런 것이니까요. 그런데 예수님을 그리스도로 영접하고 살아계신 하나님을 믿는 사람들도 똑같이 그럽니다. 세상을 살려야 하고 국가를 살려야 한다고 확신합니다. 정치에 무관심하거나 미지근한 사람들을 채근합니다. 그러면 한 가지 질문을 하겠습니다. 하나님은 그 때 무엇을 하고 계실까요? 아니, 하나님은 어떤 일을 하셔야 할까요? 신앙인들이 하나님을 마음대로 움직이려고 하는 것은 아닐까요? 그럴 때 하나님은 그냥 보고만 계십니다.

기독교신앙의 본질은 사람이 할 수 없는 것을 하나님께서 하실 수 있도록 마음을 비워드리는 것입니다. 역사의 주인은 하나님이십니다. 지구상에 수많은 나라와 민족의 역사가 흘러갔지만 하나님은 여전히 그 역사를 주관하고 계십니다. 그것이 우리의 믿음입니다. 하나님은 하나님의 뜻대로 세상 역사를 이끄시는 것이 아니라 지상에 있는 하나님의 자녀들의 상태를 보시고 거기에 맞게 역사를 주관하고 계십니다. 이스라엘의 역사가 그랬습니다. 잘 하면 칭찬하시고 부강하게 하시고 잘못하면 주변 나라들을 사용하여 치실 때도 있었습니다.

하나님께서 백성들의 무엇을 보시고 기뻐하시겠습니까? 철야하고 금식하면서 나라를 위해 울부짖는 것일까요? 정치적으로 반대파를 인간취급도 하지 않고 무조건적으로 비난하는 것일까요? 정치에 무관심하라거나 참여하라거나 하는 이야기가 아닙니다. 정치에 관여하든 무관심하든 그보다 먼저 대한민국 그리스도인들의 생각과 의식과 삶이 바뀌어야 한다는 말입니다. 정치 이야기가 결코 아닙니다. 우선순위의 이야기입니다. 천만 명이 40일 금식 기도해도 하나님은 꿈쩍도 하지 않으십니다. 그러나 일천 명이 회개하고 버릴 것을 버리고 이웃을 위해 행동하며 삶의 방식으로 세상을 이기려고 하면 하나님은 기쁘게 움직이실 것입니다. 크게 일하실 것입니다. 하나님을 움직이려고 하기 전에 우리가 먼저 바뀌어야 합니다. 그러면 하나님은 시작하실 것입니다. 나라를 살리고 싶으면 다 버리고 오직 성경대로 예수님처럼 이웃을 위해 사는 사람들이 되어야 합니다.

한국에 전쟁이 날까요, 안 날까요?

하나님은 인류의 모든 일에 개입하실 수 있습니다. 우리 머리로 이해할 수 없지만, 전쟁도 하나님께서 개입하실 수 있습니다. 모든 전쟁이 그런 것은 아니겠지만, 6·25 전쟁도 어쩌면 하나님의 징계일 수 있다고 생각합니다. 무엇을 그리 잘못 했기에 한국에 징계를 내리셨냐고요? 일제강점기 한국기독교의 신사참배가 하나님의 엄청난 진노를 불러 일으켰을 것입니다.

그 당시 거의 대부분의 기독교인들과 그 지도자들이 교단 차원에서 신사참배를 결의했습니다. 순교자 50여 명, 투옥자 2,000여 명, 교회폐쇄 200여 곳 등을 제외하면 나머지 전체 기독교가 일본천황을 신으로 경배했던 것입니다. 10명의 의인만 있어도 소돔성은 멸망되지 않았을 것을 생각하면, 역설적으로 이 소수의 의인들 때문에 하나님은 전쟁종식, 광복이라는 선물을 주셨습니다.

하지만 해방 후에 기독교는 회개하지 않았습니다. 적어도 겉모양으로라도 대대적인 회개운동이 일어나지 않았으며, 순교 및 투옥된 기독교인들과 해외로 피신했던 지도자들이 제대로 회개하려는 움직임이 있었지만, 신사참배파의 기독교 지도자들이 다수의 힘으로 버젓이 자기 자리를 그대로 지키게 되었습니다. 마침내 하나님께서는 칼을 들어 이 땅에 전쟁을 허락하시고 말았습니다.

하나님께서 전쟁이라는 수단을 사용하실 때가 있는 분이라고 생각한다면 (물론 성경에는 수많은 사례가 있습니다만) 6·25 전쟁도 당연히 우리 기독교인들과 깊은 상관관계가 있다고 생각할 수 있으며, 그렇다면 기독교가 신사참배를 회개하지 않음으로써 이 땅을 전쟁의 소용돌이에 몰아넣고 말았다는 것을 쉽게 생각할 수 있을 것입니다.

이제 한국에 전쟁에 대한 두려움이 고조되기 시작하고 있습니다. 전쟁만은 막아야 한다는 쪽이 있고, 전쟁을 해서라도 핵을 폐기해서 평화를 지켜야 한다는 쪽이 있습니다. 어느 쪽 말이 맞을까요? 물론 아시겠지만 정답은 양쪽 다 맞을 수도 있고 양쪽 다 틀릴 수도 있습니다. 왜냐하면 평화는 대통령이 지킬 수 있는 것이 아니고, 전쟁은 미국 대통령이 일으킬 수 있는 것이 아니기 때문입니다. 전쟁이 나느냐 안 나느냐의 문제는 어떤 정권의 문제가 아니라 하나님의 일일 수 있기 때문입니다.

더 나아가 그것은 하나님의 일이 아니라 우리 기독교 신앙인들의 일이 될 수 있습니다. 아니, 하나님께서 전쟁의 주관자시라면 그렇다면 전쟁이 나느냐 안 나느냐의 문제는 순전히 우리 기독교의 책임이 되는 것입니다. 저는 한반도에 전쟁이 일어나면 안 되지만, 그럼에도 불구하고 전쟁이 일어날 수 있다고 생각합니다. 그것은 현재 기독교의 모습을 보면 쉽게 알 수 있기 때문입니다. 저를 포함하여 한국기독교 전체를 볼 때 주님께서는 너무나도 애타는 마음으로 통곡하고 계실 것입니다.

"저들 중에 내 제자가 과연 몇이나 될까? 저들 중에 자기 잘못부터 먼저 회개하는 성도를 왜 이렇게 찾기 힘들까? 저들 중에 날마다 자기를 죽이는 신실한 자들이 몇이나 될까? 저들 중에 과연 나를 위해 목숨이라도 버릴 수 있는 사람을 찾을 수는 있을까?"

전쟁이 나고 안 나고는 우리 기독교 신앙인들에게 달려 있습니다. 다른 사람을 비난하고 세상을 바꾸는 데에 먼저 관심을 가지는 것이 아니라 소수의 신앙인들이라도 자기 내면의 성숙과 삶의 변화를 먼저 생각하고 정말 이 땅이 아니라 오로지 주님만을 위하여 자기 모든 것을 버릴 각오가 되어 있다면 이 땅에 전쟁은 결코 일어나지 않을 것입니다.

정치논리에 흔들리지 않고 복음의 원리를 찾아 고민하면서, 다수의 견해를 무조건 따르는 것이 아니라 성경이 제시하는 견해를 따르기 위해 몸부림치면서, 동시에 자신과 반대되는 사람들의 입장에도 서보려고 애쓰는 신앙인들이 많을수록 한반도에서 전쟁의 위기는 빨리 지나가버릴 것입니다. 순교자들의 고통소리에 귀를 기울이셔서 이 땅에 해방을 선물하신 하나님께서 동일한 원리를 따라 회개자들의 기도를 들으시고 통일을 선물하실 것입니다.

살인자들

이 이야기는 그리스도인들에 대한 이야기입니다. 성경에 의하면 사람을 해치려는 욕구만으로도 살인죄가 성립됩니다. 오죽하면 다른 사람을 미워하는 것도 살인하는 죄와 같다고 했겠습니까? 물론 현실에서는 전혀 살인죄가 아닙니다. 그러나 하나님의 절대 의에 비추어보면 살인죄나 미워하는 죄나 차이가 없습니다. 그리고 관념상으로만 그런 것이 아니라 천국으로 가느냐 지옥으로 가느냐의 현실적인 기준에도 지대한 영향을 미치는 것입니다.

> **"그 형제를 미워하는 자마다 살인하는 자니 살인하는 자마다 영생이 그 속에 거하지 아니하는 것을 너희가 아는 바라"**
> **(요일 3:15)**

그런데 그리스도인들끼리 미워하는 죄를 밥 먹듯이 저지르고 있습니다. 똑같이 신실한 그리스도인이라는 전제 아래, 정치성향이 다르다고 마음 문을 꽉 닫아버리고 상대방의 모든 말을 거부하거나 인격 자체를 무시한다면 그 사람들은 그리스도의 피로 한 몸 된 형제가 맞을까요? 그런데 우리의 현실 속에서는 이런 일은 비일비재합니다. 마음으로 은근히 존경하고 지원하고 있었는데 어느 날 자신의 정치성향과 정 반대되는 글을 올렸다고 해서 마음 문을 완전히 닫아버린다면 그 사람은 그리스도인이 맞을까요? 우리는 어디에 속한 사람들일까요? 세상의 나라입니까? 아니면 하늘의 나라입니까? 어찌어찌 해서 세상의 나라를 구했다고 하십시다. 그러면 하나님의 나라에도 자동적으로 들어갈 수 있을까요?

너무 가슴이 아픕니다. 저도 정치성향이 있습니다. 제가 더 옳다고 생각하는 부분도 많이 있습니다. 하지만 그렇다고 상대방을 미워하거나 마음 문을 완전히 닫아버리지는 않으려고 노력합니다. 물론 도저히 상대가 되지 않는 분들도 있습니다. 전혀 대화가 되지 않습니다. 그러면 교제할 필요가 없어지죠. 그저 안타까운 마음으로 바라볼 뿐입니다. 어느 한 편을 고정관념으로 바라보지 마십시오. 상대방도 할 말이 많이 있습니다. 내가 더 옳을 수는 있지만 상대방도 옳다고 생각하는 부분이 많이 있습니다. 내가 옳다고 생각하는 것만큼 강하게 주장하지 마십시오. 상대편에서 볼 때 걸림돌이 되겠다 싶은 표현은 빼시기 바랍니다.

정치란 상대방을 미워하지 않으면 할 수 없는 일입니다. 참으로 저주받은 직업입니다. 다 그렇다는 것은 아닙니다. 거의 대부분이 그렇다는 것입니다. 왜 그렇겠습니까? 정치는 상대방을 죽여야(인격이든 정치생명이든 사람들의 기억에서든) 승리하는 게임이기 때문입니다. 정치가 어디에서 비롯되었습니까? 전쟁에서 비롯된 것입니다. 전쟁은 옳고 그름의 싸움이 아닙니다. 사느냐 죽느냐의 싸움입니다. 정치가 그렇습니다. 그렇기 때문에 정치인들은 백성들을 어떻게 하든지 자기편으로 만들어야 합니다. 그것을 위해서 할 수 있는 모든 수단방법을 총동원하게 되는데 그 논리가 정치논리입니다. 정치논리에 빠지면 전쟁논리가 됩니다.

정말 신실한 그리스도인인데 날마다 입에서 튀어나오는 말은 미움과 원망과 저주와 비난과 모함과 욕설이라면 그는 어떤 사람입니까? 그는 살인자입니다. 세상에서는 아니지만 그 사람이 그리스도인이라면 살인자가 맞습니다. 그렇게 비난과 미움과 원망을 입에서 내뿜고 산다면 그의 머릿속에 무엇이 들어있는 것입니까? 설마 믿음이 들어 있다고는 못하겠죠. 그렇게 미워하는 마음이 심해지면 상대방을 죽이고 싶어질 것입니다. 실제로 다 죽여야 한다고 말들을 합니다. 살인죄가 아닙니까?

옳고 그른 것은 분명하게 분별해야 하고 그 옳은 것을 위해 싸울 때는 싸워야 합니다. 그렇다고 살인자가 되지는 말아야 한다는 말입니다. 그리스도 안에서는 분명히 그래야 합니다. 그리스도 안에서는 상패편의 잘못된 것을 용납할 수 있어야 합니다. 잘못에 동참하라는 말이 아니라 상대편의 잘못을 알면서도 적어도 미워하지 말라는 이야기입니다. 미워하지 말고 설득하고 기다려주고 기도해주어야 합니다. 그리스도 안에서는 아무리 불편해도 적어도 대화는 할 수 있어야 하지 않겠습니까?

양쪽 귀로 들읍시다

어떤 이유에서이든 한 쪽 귀만 크게 들리게 되면 방향감각을 잃어버리게 됩니다. 예를 들어 왼쪽 귀를 막고 오른쪽만 듣게 되면 모든 소리는 언제나 오른쪽에서 나는 소리로 착각하게 될 것입니다. 사실은 왼쪽 뒤에서 나는 소리인데 오른쪽 귀에만 크게 들리게 되니까 자연스럽게 오른쪽에서 나는 소리로 착각하게 된다는 것입니다. 이런 것이 바로 정치적인 편견과 똑같다는 사실을 생각하게 되었습니다. 다소 지나친 정치적 입장을 가진 사람들은 바로 한 쪽 귀로만 듣는 사람들과 같다는 것입니다.

생각해 보십시오. 만약에 사람들이 모두 어느 한 쪽 귀로만 듣게 된다면 어떤 일이 일어나겠습니까? 오른쪽 귀만 들리는 사람은 모든 것을 오른쪽에서 일어나는 일이라고 생각하게 될 것이고, 왼쪽 귀만 잘 들리는 사람은 언제나 왼쪽에서만 일이 일어난다고 생각하게 될 것입니다. 그렇게 되면 오른쪽 귀만 들리는 사람은 왼쪽에서 일어나는 일을 오해하게 되고 편향적으로 해석하게 되고 그리고 왼쪽 귀만 들리는 사람들을 오른쪽의 기준으로만 비판하게 될 것입니다. 반대편도 마찬가지입니다.

꼭 정치적으로만 그럴까요? 신앙 안에서도 마찬가지 현상이 일어나고 있습니다.

물론 어느 한쪽이 더 성경말씀에 가까울 수 있습니다. 하지만 하나님의 창조와 그리스도를 부인하고 부활과 재림을 부정하는 사람들을 제외하고는 전부 교제가 가능해야 합니다. 그래야 더 말씀에 가까워질 수 있습니다. 기독교 신앙에는 놀라울 정도로 다양한 스펙트럼이 있습니다. 그것을 인정하고 상대편의 말을 생각의 보청기를 끼는 한이 있더라도 들어줄 때 본질에 더 가까워질 수 있고 그리스도 안에서 하나가 될 수 있습니다. 대개는 상대편의 주장을 자세하게 뜯어보지도 않고 무조건적으로 감정을 따라 판단해버리지 않습니까? 그래서 우리는 양쪽의 주장에 다 귀를 기울일 수 있어야 한다는 것입니다.

하지만 그것만으로 다 되는 것은 아닙니다. 여기에서 더 나아가야 합니다. 왜냐하면 여기까지만 말하면 하나님은 제외되는 현상이 발생할 수 있기 때문입니다. 상대방의 말보다 더 중요한 것이 하나님의 말씀이 아니겠습니까? 자기가 옳다고 생각하는 구절만 뽑아서 그대로 믿어버리는 것이 아니라 그 반대되는 의미도 끝까지 찾아보고 나서 분별하는 것이 진정한 신앙인의 태도가 아니겠습니까? 세상에는 귀를 열어놓되 우리들의 다른 귀로는 하나님의 음성에 귀를 기울여야 합니다. 그것은 마치 행사 진행요원들과 비슷합니다.

경호요원이나 큰 행사의 진행요원들은 한 쪽 귀에 이어폰을 착용하고 다닙니다. 그들은 행사장 안에서 군중들 속에 섞여 있거나 군중들과 가까이 있습니다. 때로는 누가 무엇을 요구할 때도 있고 어쩌면 다툼이 일어날 수도 있습니다. 그런 일들에 적절하게 대응해야 할 필요가 있습니다. 하지만 현장의 일이 아무리 분주하더라도 다른 쪽 귀로 들어오는 본부의 지시에는 따라야 합니다. 진행요원은 현장에서 바쁘지만 본부에서는 행사장 전체를 보고 지시를 하는 것이기 때문입니다.

우리 신앙인들이 이와 같습니다. 아무리 현실 속에서 생활과 사명으로 바쁘더라도 말씀으로 들려오는 하나님의 음성에는 순종해야 합니다. 하나님은 우리 인생 전체를 보시고 명령하시는 것이니까요. 한 쪽 귀로만 듣지 말고 양쪽으로 들어야 한다고 이야기했습니다만, 어떤 의미에서는 한 쪽으로 하나님의 음성을 듣는 것이 상대편을 이해하는 것과 같은 결과가 될 수 있습니다. 왜냐하면 그것은 성경으로 상대편을 들을 수 있는 것이기 때문입니다. 아무리 반대편의 주장이라 할지라도 성경으로 들을 수 있어야 합니다. 그러면 편견도 사라지고 서로를 이해하게 되고 사랑할 수 있게 될 것입니다.

에스더와 차별금지법(초단편소설)

페르시아의 아하수에로 왕은 총리인 하만이 제안한 새로운 법률 제정에 동의하였습니다. 그 법률은 이름 하여 차별금지법이라고 하였습니다. 페르시아 제국은 알다시피 인도로부터 구스까지 백이십칠 지방을 다스리는 나라였습니다. 지방이라고는 하지만 그것은 전부 각각의 다른 민족이었고 국가들이었습니다. 하만은 이 여러 민족을 차별하지 않고 잘 다스려야 한다고 했습니다. 그런데 지독한 유대인 극혐주의자였던 하만은 차별금지법 안에 독소조항을 하나 집어넣었습니다. 모든 민족을 차별 없이 다스려야 하지만, 만약에 어떤 민족이 왕의 법률을 무시하고 지키지 않으면서 자기들의 법률만을 지키려는 민족이 있다면 그 민족은 전부 전멸시킬 수 있다는 조항이었습니다. 굉장히 평등한 법률로 보였지만 사실 그 속에 유대인 진멸계략을 숨겼던 것입니다.

가나안 땅에서 쫓겨나 포로가 되어 흩어져 살고 있던 유대인들은 페르시아 법률을 어기는 사람들이 아니었습니다. 다만 그들의 유일신 여호와께만 경배하기로 이름난 민족이었습니다. 하만은 개인적인 원한을 차별금지법이라는 교묘한 틀을 이용하여 유대인들을 멸망시키기로 작정한 것이었습니다. 하지만 하만은 그 차별금지법의 독소조항에 왕비와의 관계를 예측하지 못하였습니다. 왕비 에스더가 바로 유대인이었던 것입니다. 그리고 그 유대인들을 섭리하시는 분이 사람을 창조하시고 인간의 역사를 주관하신다는 사실을 그는 이해하지 못했던 것입니다.

이 차별금지법에 들어있는 독소조항이 바로 유대인을 멸절시키기 위해 하만에 의해 꾸며졌다는 사실을 가장 먼저 알아챈 인물은 왕비의 사촌오빠 모르드개였습니다. 모르드개는 이 차별금지법 속에 유대 민족을 이 세상에서 사라지게 만들 수도 있는 하만의 계교가 숨겨져 있는 것을 감지하고 몸서리를 쳤습니다. 아니나 다를까 결국 하만의 계략이라는 것을 모르는 아하수에로 왕이 마침내 어인을 찍어버렸습니다. 그리고 페르시아 백이십칠 지방에 각각의 언어로 만들어진 공문들이 빗발치듯이 파발로 도달하였습니다. 거기에는 올해 12월 13일에 유대인들을 일시에 처단하라는 어명이 들어 있었던 것입니다.

이 사실을 전해 들은 유대인 지도층들은 엄청난 민족적 위기 앞에서 어찌 할 바를 알지 못하였습니다. 모르드개는 베옷을 입고 대궐문 앞에 나아가서 통곡하고 금식하고 회개하며 옷을 찢고 앉아있었습니다. 페르시아의 도성뿐 아니라 유대인들이 포로로 잡혀와 흩어져 살고 있던 지방마다 뜻있는 유대인들이 크게 애통하여 금식하고 울며 부르짖고 재에 누운 사람들이 무수하게 많았습니다. 이들이 이렇게 행동하는 이유는 그들이 할 수 있는 일이 이것밖에는 없고 또 그것이 하나님께 보일 수 있는 유일한 방법이라고 확신하였기 때문이었습니다.

결국 이 문제를 해결하고 하나님의 선민 유대 나라를 살린 것은 현재 재위에 있는 왕비 에스더 밖에는 없었습니다. 하지만 왕비조차도 자기 뜻대로 이 악법을 철회시킬 수 있는 것은 아니었습니다. 왜냐하면 절대 권력자 아하수에로의 명을 받기 전에 그 앞에 나아가려면 목숨을 걸어야 했기 때문이었습니다. 하지만 이것저것 가릴 처지가 못 되는 시절이었습니다. 그리고 이 문제는 잘 사느냐 못사느냐의 문제가 아니라 죽느냐 사느냐의 문제였습니다.

에스더 왕비는 사흘 동안 물 한 모금도 마시지 않고 금식기도한 후에 아하수에로 왕 앞에 나아갔습니다. 왕의 명을 받지 않은 상태에서 스스로 나아가는 터라 왕에게 아름다운 모습을 보여야 했지만 사흘 금식한 에스더의 외모는 아마도 평소보다 못했을지도 모릅니다. 그러나 죽으면 죽으리라는 결단으로 나아가는 에스더를 여호와 하나님은 사용하셨습니다. 이 차별금지법을 꾸며낸 하만까지 초대한 두 차례의 연회 끝에 마침내 에스더는 하만을 앞에 두고 왕에게 모든 사실을 털어놓기에 이르렀습니다. 그리하여 하나님은 선견자 모르드개와 왕비 에스더를 통하여 하나님의 백성들을 보호하셨습니다. 유대인이 아니라 오히려 하만의 족속들이 진멸당하고 말았던 것입니다. 차별금지법의 위험성을 알지 못하는 아하수에로는 왕비 에스더를 통하여 비로소 차별금지법의 무서운 독소조항을 깨달았던 것이었습니다.

이 차별금지법 철폐가 이스라엘의 역사에 있어서 얼마나 중요한 위치에 있었든지 이스라엘은 지금도 이 날을 부림절이라고 하여 명절로 지키고 있습니다. 만약에 모르드개와 에스더의 헌신이 없이 차별금지법이 그대로 시행되었더라면 유대인들이 전멸당하여 포로귀환도 없었을 것이고 에스라와 느헤미야의 종교개혁도 없었을 것이며 이스라엘 민족 자체가 사라져버렸을 것입니다. 페르시아의 차별금지법으로부터 민족을 구원한 모르드개와 에스더의 공로는 그 어떤 말로도 수식할 수 없는 고귀한 승리였던 것입니다. 물론 그 모든 과정에는 여호와 하나님께서 그들의 믿음을 사용하고 계셨던 것입니다.

다니엘과 공수처법(초단편소설)

다니엘은 바벨론의 느부갓네살 왕에 의해 유대 나라에서 포로로 잡혀왔던 소년이었습니다. 그는 느부갓네살, 벨사살 왕을 섬겼고, 메대 나라의 다리오와 페르시아의 고레스 왕까지 섬겼었으며, 마음이 민첩하고 충성스러운 뛰어난 재상이었습니다. 그는 도무지 흠이 없는 사람으로서 그의 정적들이 아무리 그의 흠을 발견해내려고 해도 아무 근거, 아무 허물도 찾지 못하였습니다. 그런 다니엘이었으니 바벨론이 멸망당하고 메대의 다리오가 왕이 되었을 때에도 왕의 신임을 한 몸에 받게 되었던 것입니다. 그래서 왕은 세 사람의 총리 중 한 사람으로 임명하였으나 그 중 다니엘을 전국을 다스리는 최고 우두머리 총리로 세우려고 했습니다.

그러나 왕의 신임과는 달리 다른 총리들이나 고관들의 눈에는 다니엘이 가시처럼 느껴졌습니다. 무엇보다도 본토인이 아니면서 그렇게 뛰어난 사람을 곱게 봐줄 리가 없었습니다. 어떻게 하면 다니엘을 제거할 수 있을까를 밤낮으로 생각하고 궁리하던 다른 총리들과 대신들은 한 가지 묘책을 생각해내었습니다. 그것이 바로 공수처법이었습니다. 고귀공직자비리수사처법이라고 이름하고 당시 모든 총리들, 지사들, 총독들, 법관들, 관원들을 총동원하여 이 법률이 통과될 수 있도록 계략을 꾸며내었습니다.

하지만 그들이 아무리 간악한 흉계를 꾸미더라도 다니엘은 전혀 여기에 해당사항이 없었습니다. 다니엘을 옭아매려면 그가 철저하게 지키고 있는 이스라엘 율법을 이용하는 수밖에 방법이 없었습니다. 그래서 그들은 다니엘이 평생의 철칙으로 삼고 있는 신앙의 모습을 이용하려고 했습니다. 그것은 다니엘이 율법을 따라 하루에 세 번씩 자기 집의 윗방에서 예루살렘을 향한 창문을 열고 무릎을 꿇고 기도하는 일이었습니다. 그런데 바로 이 점이 다니엘을 쳐낼 수 있는 절호의 기회이자 성공확률 100%의 묘안이 될 수 있었습니다. 그 당시는 권력형 비리보다는 절대군주의 권위를 침범하는 것이 훨씬 큰 범죄였던 시절이었습니다.

그들은 이런 올무를 숨기고 왕의 재가를 받기 위해 왕에게 가장 큰 영광을 돌려드리는 아첨을 행하기로 했습니다. 삼십 일이라는 기간 동안 누구든지 불의나 부정이나 각종 범죄를 행하는 관리들과 왕의 권위에 도전하는 공직자들을 수사하여 죄가 발견될 경우 사자 굴에 처넣는 형을 내리기로 한 것이었지만, 그 속에는 위험요소를 하나 집어넣었으니 누구든지 왕 이외의 어떤 다른 사람이나 신에게 절하지 못하게 하는 법도 함께 포함시켰습니다. 물론 이 법률은 모든 공직자들에게 공평하게 적용되는 것이지만 유독 다니엘에게만 해당되는 조항을 집어넣음으로써 그들의 정치적인 반대파를 제거하려고 하는 것이었습니다.

그들은 대담하게도 왕조차도 절대로 변경시킬 수 없는 절대조항을 포함시킨 채 재가를 받음으로써 이제 다니엘은 풀려날 가능성이 전혀 없는 상태가 되었습니다. 왕이 다니엘을 아무리 신임해도 왕도 변개할 수 없는 법률이기 때문에 허가할 수밖에 없는 무서운 법률이었던 것입니다. 공수처법 자체는 좋은 것으로 보이지만 어떤 대상을 제거하기 위한 위험요소가 들어있거나 어떤 정치세력이 마음만 먹으면 정적을 제거할 수 있는 소지가 충분한 법이라면 결코 좋은 법이 될 수가 없습니다.

결국 다니엘은 왕의 어인이 찍힌 조서를 받고서도 여호와 하나님께 대한 예배와 기도를 멈출 수는 없었고, 왕이 다니엘 처형을 피할 길이 없을까 하고 궁리하였지만 정적들의 수차례에 걸친 항소를 따라 사자 굴로 다니엘을 밀어 넣을 수밖에 없었습니다. 다니엘을 진정으로 아끼던 다리오 왕이었지만 사자 굴을 막은 돌 위에 어인을 찍게 허락했고 궁에 돌아가서 밤이 새도록 금식하고 오락을 그치고 철야하는 것으로 그 안타까운 마음을 대신했었습니다. 그리고 스스로 공수처법에 어인을 찍은 것을 몹시도 애통해하게 되었습니다. 왕도 이제는 위험요소가 포함되어 있는 공수처법이 얼마나 위험한 것인가를 밤이 새도록 깨달을 수밖에는 없었습니다.

왕은 날이 새자말자 사자 굴로 달려가서 다니엘을 불렀습니다. 이미 하나님으로부터 아무런 죄가 없을 뿐만 아니라 오로지 하나님만을 섬기는 변개치 않는 신앙을 인정받는 다니엘은 사자들로부터 아무런 위해도 입지 않았었고, 왕은 다니엘로부터 무사하다는 대답을 들을 수 있었습니다. 왕은 뛸 듯이 기뻐했습니다. 그리고 아무리 좋은 법이라도 그 법이 어떤 세력에 의해 악용될 소지가 있거나 어떤 편향된 목적을 가지게 되면 악법 중의 악법이 될 수 있다는 사실을 뼈저리게 느꼈던 왕은 이런 계략을 꾸민 세력들을 도로 사자 굴에 집어넣음으로써 악법을 취소하고 충신 중의 충신 다니엘을 중심으로 나라를 제대로 다스릴 수 있었던 것입니다.

에스라와 검찰개혁(초단편소설)

에스라는 스룹바벨 성전이 준공된 지 58년이 되었을 때 아닥사스다 왕에 의해 제2차 포로귀환의 명을 받고 예루살렘으로 돌아왔습니다. 유다는 정치적으로는 총독에 의해 다스려지고 있었지만, 민족으로서의 이스라엘을 재건하는 일은 에스라의 몫이었습니다. 왕은 에스라에게 여호와 하나님을 섬길 모든 준비를 다하게 하였고 필요한 물자는 모자라지 않도록 충분한 물량을 약속했으며 율법을 아는 자들(레위인)을 법관과 재판관을 삼아 백성들을 재판하도록 하였습니다. 이렇게 에스라를 예루살렘으로 보내는 이유는 페르시아에 속한 땅인 이스라엘이 여호와 하나님의 진노를 당하지 않게 하기 위함이었습니다(스 7:23).

에스라가 예루살렘으로 돌아오자마자 한 일은 성전을 위하여 섬길 사람을 찾는 일이었습니다. 마땅한 레위인들을 찾지 못했지만 성전을 섬길 사람들을 찾고 마침내 모든 일을 마무리한 후에 포로귀환에 함께 했던 사람들을 중심으로 여호와께 번제를 드리기에 이르렀습니다. 하지만 맡겨진 직임을 충실하게 감당하던 에스라에게 위기가 찾아왔습니다. 은혜롭게 나름대로 어려움을 잘 넘기고 안정적이 되는 것 같았지만, 에스라는 이스라엘 백성들과 제사장들과 레위 사람들이 율법에 엄연히 금지되어 있는 이방결혼을 공공연하게 자행해왔다는 사실을 보고받고는 엄청난 충격에 빠져버렸습니다. 이들 지도층들은 아내와 며느리를 그 땅의 원주민인 가나안 족속들과 혼인을 시켰던 것이었습니다. 그런데 이런 일은 고관일수록 더 심했다고 합니다(스 9:2).

법을 지켜야 할 검찰(레위 자손)들과 고귀공직자들이 오히려 법을 무너뜨리는 일에 앞장섰던 것입니다. 율법이 헌법이나 법률과 같은 기능을 하던 시절이었고 레위인들은 이 율법을 준수하고 재판하는 시대였습니다. 검찰이나 고위 공직자들이나 율법적으로 너무나도 썩어있기는 마찬가지였습니다. 에스라는 너무나도 큰 충격을 받았습니다. 이것은 검찰개혁의 문제가 아니라 유대인들을 다 뒤집어엎어야만 하는 일이었습니다. 검찰개혁도 당연히 해야 하지만 공직자들의 의식구조가 바뀌지 않으면 검찰개혁이건 정치개혁이건 이루어질 수가 없었던 것입니다. 여호와 하나님의 진노를 어찌하려고 이런 짓들을 감행했다는 말입니까?

하지만 유다는 희망을 보여주었습니다. 에스라가 성전 앞에서 울며 기도하며 민족의 죄를 자복할 때 허다한 백성의 무리들이 에스라에게 나아와서 함께 에스라를 도와 개혁에 동참할 것을 결의하였기 때문이었습니다. 에스라는 유다의 율법을 준수하고 회개하며 검찰개혁과 의식개혁에 동참할 사람들, 곧 이스라엘의 참 백성이 되기를 원하는 사람은 앞으로 삼 일 내에 예루살렘으로 모일 것을 결의하고 통보하였습니다. 삼 일 안으로 예루살렘에 도착하지 않는 백성들은 이미 이스라엘 백성이 아니므로 모든 재산을 몰수하고 국외로 추방하기로 결의한 것이었습니다. 다행히 일부 반대파를 빼고는 대부분의 백성들이 모여들었습니다.

그리하여 유다는 율법을 다시 칼처럼 날카롭게 세우기 위해 놀라운 결단을 하기에 이르렀습니다. 그것은 자기들 집안에 들어온 이방여인들을 모두 본가로 돌려보내기로 한 것이었습니다. 공직자들은 물론이고 레위 자손 중에서도 집안에 이방여인을 들였다가 쫓아낸 사람들이 있었습니다(스 10:23). 에스라의 검찰개혁은 단순히 검찰개혁이 아니라 모든 공직자들과 정치인들, 법관들과 일반 백성에 이르기까지 한마음으로 이루어낸 엄청난 개혁이었습니다. 에스라의 개혁이 성공할 수 있었던 것은 먼저 지도층들이 그들의 비리를 고백하고 조사에 응하고 집안에 들어와서 자손까지 낳았던 이방여인이라도 다 내침으로써 가능하게 된 것이었습니다.

결국 에스라의 검찰개혁은 검찰뿐만 아니라 모든 정치세력들과 행정부 관리들과 백성들이 한마음이 되었을 때 가능했던 것입니다. 그들은 자기들 스스로 고칠 것을 고치고 버릴 것을 과감하게 버림으로써 율법이 바로 세워지는 큰일을 이루어내었습니다. 에스라의 성공은 백성들의 마음을 움직일 수 있도록 스스로 성전 앞에서 울며 기도하고 죄를 자복한 데에서부터 출발하였습니다. 에스라는 대다수의 백성들의 동의를 얻었고 이들의 큰 결단으로 이스라엘의 율법은 온전하게 지켜질 수 있게 되었습니다. 검찰개혁은 어렵지만 참고 기다리면서 모두가 동의할 수 있는 방안을 이끌어내는 일이 우선입니다. 그리고 자신의 기득권과 소유를 버릴 각오가 되어 있어야 가능해지는 일입니다. 자신의 것을 그대로 움켜쥐고 개혁할 수 있는 방법은 있을 수 없습니다.

하지만 인간의 부패성은 한 번 개혁했다고 완성되는 것은 아닙니다. 에스라의 검찰개혁 이후 13년이 지났을 때 일부 유다인들이 또다시 이방여인들과 결혼하였고 그 자녀들이 유다 언어를 사용할 줄 모를 정도로 이방문화에 젖어버리게 되었습니다(느 13:24). 기가 막힐 일입니다. 그러므로 개혁은 끊임없이 시도하고 도전해야 하는 과제입니다.

맺는말

'구원의 복음'과 '삶의 복음'이 충족될 때 '충분한 복음'이 됩니다

복음에는 두 가지가 있습니다. '구원의 복음'과 '삶의 복음'입니다. 이 두 가지가 충족되어야 그것이 충분한 복음이 될 수 있습니다. 하지만 오늘날 구원의 복음은 확실한데 삶의 복음이 희미해져버렸습니다. 신학이 그렇게 만들어버렸습니다. 그러나 성경에는 분명히 삶의 복음이 넘칠 정도로 채워져 있습니다. 그러므로 신학 핑계를 댈 수도 없습니다. 아무튼 구원의 복음에 삶의 복음이 채워질 때 그것을 충분한 복음이라고 할 수 있는 것입니다. 이 책은 지속적으로 '충분한 복음'을 이야기하고 있습니다. 충분한 복음이 충만해져야 교회가 살아나고 성도가 살아납니다. 그렇게 되어야 교회가 세상의 빛이 되고 소금이 될 수 있습니다. 그것이 변화의 목표지점이고 방향입니다.

그러면 이제 변화의 방법론만 남았습니다. 어떻게 해야 하겠습니까? 제가 제일 안타까운 것이 대안의 부재입니다. 아무리 뛰어난 실력으로 분석하고 진단하고 갈 길을 제시해도 대안이 없으면 별로 소용이 안 됩니다. 그래서 저는 이해가 되지 않습니다. 이렇게 바꾸어라, 저렇게 고쳐라, 그것은 하지 말라고 말하지만, 실제로 실현될 가능성은 희박합니다. 변화를 이야기하고 개혁을 말하고 회복을 추구하지만 다들 별 관심도 없습니다. 주변의 목회자들을 보아도 거의 거들떠보지도 않는 경우가 대부분입니다. 어떻게 해야 할까요? 무슨 비결이 없을까요?

바로 그 점이 이 책을 출판하게 된 이유입니다. 이 책은 이것이 옳고 저것이 좋다는 것이 아닙니다. 이렇게 살아야 한다는 이야기입니다. 물론 이 책에 있는 내용 그대로 당장 삶에 적용할 수 있는 것은 아닐 것입니다. 다만 이런 모습이 우리의 삶의 원형이어야 한다는 의식을 가지게 만들 수는 있습니다. 그러나 그것이 이 책의 목적은 아닙니다. 이 책은 끊임없는 문제제기입니다. 물론 공감하는 분도 있고 관심 없는 분도 있을 것이며, 크게 동의하는 분도 있고 동의할 수 없는 분들도 있을 것입니다. 그러나 적어도 문제가 된다는 사실은 받아들였으면 하는 마음입니다. 문제의식을 가지지 못하면 그 어떤 변화도 기대할 수 없습니다. 따라서 이 책을 마지막까지 읽은 분이라면 상당히 높은 수준의 신앙의식을 가진 분이라고 할 수 있을 것입니다.

하지만 거기에서 그친다면 이 책의 목적은 절반도 이루지 못한 것입니다. 왜냐하면 저는 나름대로 그 대안을 가지고 있기 때문입니다. 제자훈련이 온 교회를 흔들 때도 있었고 모든 교육에 전부 제자훈련이라는 명칭을 사용하게 되었지만, 참 제자훈련으로서의 가치를 지닌 프로그램은 없습니다. 일반 성도들에게 적용하려면 수준을 너무 높일 수 없기 때문일 수도 있겠지만, 목회자 자신이 받아들일 수 없는 훈련은 적용할 수 없기 때문이기도 할 것입니다. 이제 그것을 바꾸어야 합니다. 훈련다운 훈련이 기독교를 살리게 될 것입니다. 소수정예라고 해도 괜찮습니다. 그 소수의 살아있는 신앙인들이 기독교를 이끌어갈 것이기 때문입니다. 지난 5년 동안 바로 그것을 준비해 왔습니다.

변화되려면, 목회자가 먼저 변화되고 성도가 변화되고 교회가 변화되고 기독교가 변화되려면 우선 훈련의 내용부터 바꾸어야 합니다. 교리교육도 필요하고 전도훈련도 필요하지만 그 이전에 또는 그와 동시에 관계훈련이 행해져야 합니다. 하나님과의 관계, 이웃과의 관계, 교회와의 관계, 세상과의 올바른 관계설정이 먼저 이루어져야 합니다. 그것이 기독교 신앙의 생명입니다. 하나님과 예수님과 교회에 대한 지식이나 가르침이 아니라 어떻게 하나님을 이 땅에서 살 것인가를 훈련해야 합니다. 관계가 바로 세워지지 못한 상태에서는 아무리 많은 것을 행한다고 해도 쉽게 무너질 수밖에 없는 것입니다. 그러므로 지식이 아니라 삶으로 살아야만 하는 목표지점을 제시할 수 있어야 하는 것입니다. 혹시 지식적 수준이 높지 않다는 생각을 할 수도 있겠지만, 지식과는 관계없이 삶의 모습을 제시하는 것이어야 한다는 것입니다.

그리고 훈련의 방식이 완전히 바뀌어야 합니다. 많은 사람들을 모아 놓고 강의하거나 세미나를 하는 형식이어서는 제자훈련이 이루어질 수가 없습니다. 훈련을 받는 성도의 자세가 굉장히 중요합니다. 어떤 단계를 획득하기 위한 교육이라는 자세로는 결코 훈련이 이루어질 수 없습니다. 제자훈련의 목적은 예수님의 제자로서의 삶을 살도록 하는 것입니다. 소수라도 관계없습니다. 결단하는 성도들이 훈련을 받아야 합니다. 또는 성도들로 하여금 결단하게 만들어야 합니다. 어떤 식으로든지 훈련을 받을 때에는 거기에 집중할 수 있어야 할 것입니다. 강의할 부분은 스스로 터득해야 합니다. 그렇게 할 수 있도록 교재가 제공되어야 합니다. 한 주간 내내 그 과의 내용을 생각하도록 해야 합니다. 그것이 일정한 수준의 신앙의식으로 자리 잡게 해야 합니다. 그리고 그 과목을 수료하면 다른 사람을 즉시 훈련할 수 있는 실력을 갖출 수 있게 해야 합니다. 거기까지 가면 우리가 목표로 하는 신앙의식의 수준으로 변화될 수 있습니다.

사실 예수님 당시나 초기교회 시절에는 따로 특별한 훈련의 과정이 별로 필요가 없었을 것입니다. 군중들과 함께 다니시면서 행하시고 본을 보이시고 그때그때 가르치신 내용들이 바로바로 훈련이 되었을 것입니다. 물론 제대로 훈련되지 못하는 사람들도 분명히 존재했을 것입니다. 그러나 그들에게는 스승과 함께 다니면서 보고 듣는 모든 것이 곧 신앙훈련이었습니다. 체험이든 삶이든 모든 것을 있는 그대로 함께 하니까 그 자체가 참된 신앙훈련이 되는 것이었습니다. 하지만 오늘날에는 그런 환경 자체가 되지 못합니다. 교실이나 예배당에 모여서 가르치고 배우지만 거의 지적인 한계를 벗어나기가 어렵습니다. 물론 그런 가운데에서도 제대로 배우고 훈련된 사람들이 나타납니다. 다만 그것이 기독교의 전체적인 신앙수준을 끌어올리기에는 한계가 뚜렷하다는 것입니다.

그것은 흔히 충분한 구원에 이르게 만드는 훈련이 아니라 단지 지상에서의 종교적인 삶에 머무르게 만들어버립니다. 그런 교육들이 오랫동안 지속되어 왔습니다. 성경이 말씀하는 신앙인의 삶은 훨씬 차원이 높은 것임에도 불구하고 자꾸 종교에 머물게 되는 이유가 거기에 있는 것입니다. 신앙 지도자들조차도 관념적 신앙을 가지고 있으니까 성경적인 훈련 자체가 성립될 수가 없는 것입니다. 그래서 개혁이 힘들고 어렵고 거의 불가능해지는 것입니다. 그렇기 때문에 말씀에 근거한 삶 자체를 제시해야 하고 훈련의 방식 자체를 바꾸어야 하는 것입니다. 그런 전제를 인정하지 못하면 변화는 감당하기 어렵습니다.

아무튼 우리에게는 엄중한 과제가 주어졌습니다. 부담이 되고 안 되고는 중요한 것이 아닙니다. 하나님께서 준비시키시는 사람들은 변화될 것이고, 그렇게 변화된 모습을 통하여 또 다른 준비된 다른 성도들을 훈련하고 변화시켜 나갈 것입니다. 훈련된 제자들이 집단을 이루지는 말아야 합니다. 각 교회에 흩어져서 참다운 그리스도인으로 살게 해야 합니다. 이 책은 바로 이런 모든 변화를 향하여 달려가는 책입니다. 분명하고 뚜렷한 모습을 이 책을 통하여 보여줄 수는 없겠지만 하나님은 분명히 누군가를 준비시키고 계실 것입니다. 그 사람들이 바로 이 책을 읽는 사람들이기를 간절히 기도드리고 있습니다. 한국교회를 살리기 위해 하나님께서 준비시키신 칠 천 명이 바로 우리들인 것입니다. 모든 영광을 오직 하나님께 돌려드립니다.